Bill Hybels

Gebote des Herzens

Über den Autor

Bill Hybels ist Gründer und Pastor der *Willow Creek Community Church*, einer der größten Gemeinden Amerikas in einem Vorort von Chicago.

Seine Gemeindearbeit richtet sich besonders an Menschen, die der Kirchentradition ablehnend gegenüberstehen. Heute besuchen wöchentlich 18.000 Menschen die angebotenen Gottesdienste. Das evangelistische Programm reicht von Kleingruppenarbeit bis zu psychologischen Beratungsstellen. Mittlerweile hat die Bewegung auch international weite Kreise gezogen und *Willow Creek*-Gemeindeleiter-Seminare sind in Deutschland sehr gefragt.

Zu den erfolgreichsten Büchern von Bill Hybels gehören „Der Gott, den du suchst", „Bekehre nicht – lebe!" und „Aufbruch zur Stille".

Bill Hybels

Gebote des Herzens

WILLOW
Willow Creek • Edition

FSC

Mix

Produktgruppe aus vorbildlich
bewirtschafteten Wäldern und
anderen kontrollierten Herkünften

Zert.-Nr. SGS-COC-1940
www.fsc.org
© 1996 Forest Stewardship Council

Verlagsgruppe Random House FSC-DEU-0100
Das für dieses Buch verwendete FSC-zertifizierte Papier
München Super liefert Mochenwangen.

„Gebote des Herzens" ist eine komplett überarbeitete und ergänzte
Neuauflage des bereits 1994 im One Way Verlag erschienenen
gleichnamigen Buches.

Titel der Originalausgabe: *Engraved on your Heart*

© 1985, 2000 by Bill Hybels
Published by Cook Communications Ministries,
4050 Lee Vance View, Colorado Springs, Colorado 80918, USA

© 2007 der deutschen Ausgabe
by Gerth Medien GmbH, Asslar
in der Verlagsgruppe Random House, München
Bestell-Nr. 816 827
1. Auflage 2007

ISBN 978-3-86591-827-7

Falls nicht anders vermerkt, wurden die Bibelzitate
folgender Ausgabe entnommen:
Gute Nachricht Bibel, revidierte Fassung 1997,
durchgesehene Ausgabe in neuer Rechtschreibung
© 2000 Deutsche Bibelgesellschaft Stuttgart.

Übersetzerin: Dorothee Dziewas
Umschlaggestaltung: Hanni Plato
Umschlagfoto: getty images
Satz: Die Feder GmbH, Wetzlar
Druck und Verarbeitung: GGP Media GmbH, Pößneck

Inhalt

Vorwort

Wenn Sie 100 Menschen fragen, ob es falsch ist zu stehlen, werden 99 davon mit Ja antworten. Fragen Sie dann diese 99, ob sie jemals etwas gestohlen, die Spesenrechnung ein bisschen frisiert oder Zahlen in ihrer Steuererklärung „korrigiert" haben ... und wahrscheinlich werden alle 99 zu Boden blicken und verlegen von einem Fuß auf den anderen treten. (Und der Hundertste, der daneben steht, wird es insgeheim auch tun!) Trotz des Nebels, der die öffentlichen Diskussionen über Moral umgibt, ist es eine Tatsache, dass wir alle ein erstaunlich gutes Gespür dafür haben, was richtig und was falsch ist. Und ebenso erstaunlich konsequent setzen wir uns darüber hinweg.

Gott hat uns zehn grundlegende Regeln gegeben, die unsere Beziehung zu ihm und zu unseren Mitmenschen ordnen sollen. Er hat sie in Stein gemeißelt, in seinem Wort niedergeschrieben und sogar in unser Herz gelegt. Aber wir haben immer wieder Schwierigkeiten, sie in unserem Leben umzusetzen.

Diese Gebote können uns nicht davor bewahren, Fehler zu begehen und zu sündigen – das tut nur Jesus Christus –, aber wenn wir die Gebote befolgen, können wir uns unsäglichen Kummer und unangenehme Konsequenzen ersparen. Gottes Gebote bringen Ordnung in unser Leben. Wenn wir ihm den ersten Platz in unserem Leben einräumen, mit unserer Familie und anderen Menschen unbescholten leben und mit dem zufrieden sind, was wir haben – mit anderen Worten: genau das tun, was seine Gebote verlangen –, *funktioniert* das Leben einfach.

Dieses Buch soll Ihnen einen tieferen Einblick in die Zehn Gebote vermitteln. Sie werden erkennen, wie wichtig sie sind und warum sie so sinnvoll sind. Alles Weitere liegt bei Ihnen: Wollen Sie Gottes Entwurf für Ihr Leben ernst nehmen? Lassen Sie sich darauf ein, die wichtigste Gebrauchsanweisung auf Ihr Leben anzuwenden, die wir Menschen jemals erhalten haben! Ich hoffe und bete, dass Sie es tun!

Bill Hybels
Pastor, *Willow Creek Community Church*

Entscheide dich für den lebendigen Gott!

„Du sollst keine anderen Götter neben mir haben!"
2. Mose 20,3

Das Thema dieser Woche:
Nur Gott ist unserer Anbetung und Hingabe würdig.

Tag 1

Kennen Sie die Gebote?

Die amerikanische Zeitschrift *Newsweek* berichtete vor einer Weile, dass lediglich 49 Prozent aller Protestanten und 44 Prozent aller Katholiken wenigstens vier der Zehn Gebote nennen konnten! In einem Seminar, das ich einmal geleitet habe, bezog ich mich auf 2. Mose 20 und meinte beiläufig: „Sie kennen natürlich alle die Zehn Gebote." Die ratlosen Mienen meiner Studenten überzeugten mich jedoch schnell vom Gegenteil. In einem Seminar für Theologie-Studenten im zweiten Studienjahr war nicht ein einziger Teilnehmer in der Lage, das erste Gebot zu nennen!

Einige fragen sich jetzt – vielleicht zu Recht –, warum wir uns überhaupt mit diesen antiken Aussagen der jüdischen Religion abgeben sollten. Weil sie uns auch heute doch etwas sehr Wichtiges zu sagen haben, selbst wenn Gott sie bereits vor vielen Jahrhunderten gemacht hat. Sie haben immer noch die Kraft, unser Innerstes zu berühren und uns von den Lastern zu befreien, die uns versklaven, und von den Sünden, die uns zerstören.

Mose erhielt diese Gebote drei Monate, nachdem Gott das Volk Israel auf wunderbare Weise aus dem Land der Ägypter befreit hatte. Die ersten vier – beziehungsweise die erste Tafel – sagten dem Volk, wie sie ihre Beziehung zu Gott gestalten sollten. Die Gebote fünf bis zehn, also die zweite Tafel, lehrten sie den richtigen Umgang miteinander. Wenn wir bereit sind, diese Anweisungen ernst zu nehmen, können sie uns heute das Gleiche lehren.

Worte der Weisheit

„Du sollst keine anderen Götter neben mir haben!" (2. Mose 20,3). Mit diesen Worten stellte der allmächtige Gott der Israeliten seine rechtmäßige Vorrangstellung fest. In einer historischen Epoche, in der die Verehrung vieler Götter an der Tagesordnung war, verlangte der Gott Israels eindeutige Treue – an ihn selbst.

Zweifellos hinterfragten viele der Israeliten an diesem Punkt das, was Mose sagte, so wie auch heute noch Menschen dieses Gebot in Frage stellen. „Hatte Gott Angst?", fragen sie. „Fühlte er sich durch die Konkurrenz bedroht? Warum musste er einen so exklusiven Anspruch erheben?"

Diejenigen von uns, die diese Hingabe an den Gott des Alten Testaments auch wirklich praktizieren, würden ihre Bedenken sicherlich nicht so unverblümt formulieren. Aber auch wir fragen uns vielleicht: „Warum hat Gott das gesagt? Welche Gründe hatte er?"

Wir können jedenfalls sicher sein, dass Gott gute Gründe hatte, uns diese Gebote zu geben. Er sagt uns ausdrücklich, dass seine Gebote niemals schwer zu befolgen sind (1. Johannes 5,3). Damit meint er nicht unbedingt, dass sie immer leicht zu halten sind. Vielmehr meint er damit, dass sie niemals unklug sind. Sie sind niemals unnötig oder reine Willkür. Er zwingt uns nicht, bedeutungslose Formalitäten zu beachten, und er bürdet uns auch keine Regeln auf, die keinen Sinn haben.

Die Herausforderung für jeden Einzelnen von uns besteht darin, jeden Tag in so enger Verbindung mit Gott zu bleiben, dass wir erkennen, wie sein Wort auf die jeweilige Situation, in der wir uns befinden, anzuwenden ist. Wir dürfen erwarten, dass seine Worte – und auch seine Gebote – uns leiten. Aber zuerst müssen wir wissen, was er eigentlich gesagt hat.

Wissen Sie es?

Tag 2

Nur Gott allein ist würdig

Jeder, der einmal Zeuge des erbärmlichen Anblicks wurde, wenn Menschen sich vor Götzen verneigen, weiß, warum Gott das erste Gebot so absolut formuliert hat. Ich habe einmal einen befreundeten Missionar im südamerikanischen Paraguay besucht. In dem kleinen Dorf des Eingeborenenstammes unweit der Hauptstadt Asunción sahen wir, wie kranke, bettelarme Dorfbewohner vor einer aus Stein gemeißelten Statue auf die Knie fielen. Die Hoffnungslosigkeit dieser Szene hat sich tief in mein Gedächtnis eingeprägt.

Ich hätte diesen Menschen am liebsten zugerufen: „Verschwendet eure Verehrung nicht an diesen Stein! Was kann er schon für euch tun?"

Das erste Gebot macht uns deutlich, dass kein anderes Wesen im Universum unsere Anbetung verdient. Nur Jehova, der wahre Gott der Bibel, verdient unsere Ehrerbietung. Warum?

Von allen Wesen in diesem Universum hat nur Gott der Herr einen immanenten Wert. „Immanent" bedeutet „von innen her kommend" oder „innewohnend". Mit anderen Worten: Nur Gott hat einen Wert gänzlich in sich und aus sich selbst heraus. Alles andere erhält seinen Wert aus der Beziehung zu ihm.

Darum beten wir nur ihn an – wegen seines immanenten Wertes, seiner schöpferischen Macht und seiner Erlösungstaten. In Gottes Vorwort zum Gesetz hat er sich selbst mit diesen Worten identifiziert: „Ich bin der Herr, dein Gott; ich habe dich aus der Sklaverei in Ägypten befreit" (2. Mose 20,2).

Bevor er sein Gesetz erließ, wollte er das Volk daran erinnern, wer er war. „Vor Kurzem wart ihr noch Sklaven. Ihr wurdet unterdrückt. Ihr wurdet gedemütigt und geschlagen und benachteiligt. Deshalb habe ich Mose gesandt, damit er euch in die Freiheit führt. Dann habe ich die Plagen geschickt, um eure Freilassung zu gewährleisten. Danach habe ich das Rote Meer geteilt. Und anschließend habe ich die ägyptischen Heerscharen ertränkt. Ja, ich war es, der euch befreit hat.

Danach habe ich euch in der Wüste versorgt. Ich habe euch mit einer Feuerwolke den Weg gezeigt, wenn ihr nicht wusstet, wie es weitergeht. Ich habe Manna und Wachteln zur Verfügung gestellt, als ihr Hunger hattet. Ich habe Wasser aus dem Felsen fließen lassen, als ihr durstig wart.

Hat Baal das für euch getan? Hat der fremde Gott Moloch es getan? Hat irgendein anderer Gott all das für euch getan? Hätten sie es tun können? Nein! Ich allein hatte die Macht, euch zu erschaffen, und ich allein habe die Macht, euch am Leben zu erhalten, wenn die anderen euch zerstören wollen. Warum wollt ihr dann eure Zeit damit verschwenden, andere Götter anzubeten?"

Wenn wir Gottes immanenten Wert erkennen, wird uns klar, wie wichtig es ist, ihn anzubeten, und zwar nur ihn. Er fordert unsere Anbetung nicht einfach nur zu seiner Ehre, sondern er fordert sie zu unserem eigenen Besten. Er weiß, dass kein anderes Wesen die Bedürfnisse und Sehnsüchte unseres Herzens stillen kann.

Wenn wir Sorgen haben oder enttäuscht sind, wenn wir Zweifel haben oder nicht wissen, wie es weitergeht, dann brauchen wir einen Gott, der uns ein Wort der Wahrheit oder Ermutigung oder Herausforderung oder Richtungsweisung geben kann. Ein solcher Gott ist Gott der Herr.

Tag 3

Was nimmt heute Ihre Gedanken in Beschlag?

Vor einigen Jahren kaufte mein Bruder seinem Sohn Cameron zu Weihnachten einen Kompass. Cam war von seinem Geschenk so begeistert, dass er seine Erregung kaum bändigen konnte. „Hier, Onkel Bill, guck mal, was ich von Papa bekommen habe!", rief er. „Einen Kompass! Ich kann ihn schütteln und umdrehen und so. Aber wenn ich ihn wieder still halte, zeigt er immer nach Norden."

Unsere Gedanken zeigen auch immer … irgendwohin.

Wenn Sie ein aufgeschlossener Mensch sind, der sich mit der Bibel beschäftigt hat, konnten Sie gewiss jede Wahrheit, die ich bisher geäußert habe, nachvollziehen und bestätigen. Vielleicht haben Sie sich sogar gefragt, warum ich mir überhaupt die Mühe gemacht habe, das Offensichtliche zu sagen. Befürchte ich etwa, dass Sie fremde Götter verehren? Hege ich den Verdacht, dass Sie sich vor irgendwelchen Götzen verneigen?

Einerseits liegen mir solche Gedanken völlig fern. Ich bezweifle sehr, dass jemand, der dieses Buch liest, bewusst und absichtlich andere Götter außer dem wahren Gott anbetet.

Andererseits fürchte ich jedoch, dass viele wohlmeinende Christen achtlos zugelassen haben, dass eine Vielzahl anderer Anliegen zu ihren „Göttern" werden. Sie haben diesen Anliegen den prominenten Platz überlassen, den Gott in ihrem Leben einnehmen sollte.

Verehren Sie wirklich den wahren und lebendigen Gott? Ist er die letztgültige Autorität in Ihrem Leben? Ist er der Vorstandsvorsitzende? Der Geschäftsführer?

Vielleicht fällt es Ihnen leichter, diese Fragen ehrlich zu beantworten, wenn ich Ihnen eine andere Frage zu Ihren Neigungen stelle: An wen oder was denken Sie, wenn Sie etwas Zeit haben und innerlich zur Ruhe kommen?

Mir ist klar, dass die meisten Menschen – mich eingeschlossen – nicht viel freie Zeit zum Nachdenken haben. Unsere Gedanken drehen sich normalerweise um eine konkrete Aufgabe, besondere Pflichten oder irgendwelche Gespräche – gleichgültig, ob wir zu Hause, in der Schule oder bei der Arbeit sind. Aber in bestimmten Augenblicken – wenn wir joggen, Auto fahren, in einer Warteschlange stehen oder uns abends schlafen legen – haben wir die Möglichkeit, unsere Gedanken auf das zu richten, was uns wirklich interessiert.

Wohin wandern Ihre Gedanken in solchen Augenblicken? Zu wem oder was schweifen Ihre Gedanken automatisch, wenn Sie ihnen freien Lauf lassen?

Unsere Gedanken sind wie die Nadel in jenem Kompass. Sie können sich im Laufe eines Tages auf unterschiedliche Dinge ausrichten. Aber wenn wir zur Ruhe kommen, werden sie sich auf die Dinge ausrichten, die uns am wichtigsten sind.

Worauf richten sich Ihre Gedanken? Auf Ihre Arbeit? Auf Ihre Freundin oder Ihren Freund? Auf sportliche Leistungen? Auf Ihr Traumhaus? Auf Geld? Auf mögliche Erfolge? Auf Freizeit und Vergnügen?

Bitte nehmen Sie sich einen Augenblick Zeit, um über diese Fragen nachzudenken. Ihre Antworten werden offenbaren, wer die wahren Götter in Ihrem Leben sind. Der Mensch, der wirklich „keine anderen Götter" außer dem lebendigen Gott hat, wird merken, dass seine Gedanken zunächst hin und her wandern, bis sie sich schließlich auf Gott „einpendeln". Ein solcher Mensch denkt an Gott. Er denkt an die Wahrheiten über Gott, die er kennt. Er betet zu Gott. Er betet ihn an. Gott ist wirklich das, was er am meisten liebt.

Ist das auch die Erfahrung, die Sie machen? Bestätigen Ihre Gedanken, dass dies tatsächlich der Fall ist?

Wen wollen Sie eigentlich beeindrucken?

Ein guter Freund aus meiner Gemeinde überließ meiner Frau und mir einmal seine Ferienwohnung in Palm Springs, Kalifornien, damit wir dort Winterurlaub machen können. Ich begann jeden Urlaubstag damit, dass ich durch die Wüstenlandschaft joggte, die die Wohnanlage umgab. Am Morgen war die Luft kühl und angenehm und die aufgehende Sonne tauchte die Berge in der Ferne in ein violettes Licht. Nachdem ich am ersten Morgen 15 oder 20 Minuten gelaufen war, zwang mich der Anblick all der Schönheit um mich herum, mich in den Sand zu knien und Gott anzubeten.

Jeden Morgen kehrte ich an denselben Ort zurück, um über all das nachzudenken, was Gott für mich getan hat, und um zu überprüfen, ob ich immer noch an ihm festhielt. Am Ende der Woche wusste ich, dass ich meine Treue zu Gott erneuern und in Worte fassen musste.

„Gott", betete ich, „das letzte Jahr ist vorüber und ich stehe vor einem neuen Jahr. In diesem Jahr will ich dich mehr anbeten und lieben, als ich es jemals zuvor getan habe. Ich will nur danach streben, dir zu gefallen. Und ich will die Arbeit, die du mir aufgetragen hast, mit noch größerer Leidenschaft tun. Ich will, dass du der Herr meines Lebens bist – die letztgültige Autorität."

Können Sie Gott das ebenfalls sagen?

Wem sind Sie treu?

Jahr für Jahr investieren wir Zeit, Kraft und Energie in eine Vielzahl anspruchsvoller Aktivitäten. Wir lernen, wir arbeiten, wir sparen, wir kaufen, wir treiben uns selbst an, wir erreichen etwas. Und wofür? Warum tun wir das? Wen wollen wir damit beeindrucken? Das ist eine weitere Frage, die uns dabei helfen kann, den wahren Gott unseres Lebens zu bestimmen.

Manche Menschen behaupten, dass sie nur sich selbst beeindrucken wollen. Sie wollen tun, was ihnen gefällt und was sie befriedigt. Ihnen ist es gleichgültig, was andere – Gott eingeschlossen – davon halten. Ihnen sind nur *ihre* Bedürfnisse, *ihre* Ziele, *ihre* Werte wichtig. Im Grunde genommen beten sie sich selbst an. Sie sind ihr eigener Gott geworden.

Menschen hingegen, die das erste Gebot befolgen und es anwenden, lernen, Gott zu gefallen. Sie sind sich ihrer eigenen Wünsche und persönlichen Ziele sehr wohl bewusst, werden aber nicht von ihnen beherrscht. Sie pflegen enge Freundschaften, lassen aber nicht zu, dass die Meinung anderer ihr Verhalten bestimmt. Sie wollen nur Gott beeindrucken.

Diese Menschen wenden sich im Gebet immer wieder an Gott und sagen: „Gott, heute will ich dir gehören. Ich will so leben, wie du es willst. Ich will mich von deinem Heiligen Geist führen lassen. Ich will dir gehorsam sein. Und es ist mir egal, was es mich kostet."

Beten Sie dieses Gebet ebenfalls? Oder wollen Sie nicht länger Gott gefallen, wenn es Sie ein wenig Vergnügen kostet? Oder wenn Sie nicht länger den Beifall der anderen einheimsen?

Nehmen Sie sich bitte einen Augenblick Zeit, um Ihr Herz und Ihre Gedanken diesbezüglich zu prüfen. Wen wollen Sie beeindrucken?

Tag 5

Wofür leben Sie?

Da ich in eine standhafte holländisch-reformierte Familie hineingeboren wurde, gewöhnte ich mich schon früh im Leben daran, regelmäßig zur Kirche zu gehen. Weder eine bedrohliche Wetterlage noch volle Terminkalender oder persönliche Probleme konnten für meine drei Schwestern, meinen Bruder und mich als Entschuldigung dafür herhalten, dass wir nicht auf unseren angestammten Plätzen in der Kirchenbank zwischen Mama und Papa saßen.

Wie es in den meisten reformierten Kirchen der Fall ist, gab es an jedem Sonntag einen bestimmten Punkt im Gottesdienst, an dem der Pastor besonders ernst dreinblickte. Mit einer Stimme, die einen beinahe überirdischen Klang annahm, verkündete er: „Und jetzt, liebe Geschwister, hören wir die Lesung des Gesetzes Gottes …"

Wenn er seine Lesung von 2. Mose 20 beendet hatte – dem Kapitel, das die Zehn Gebote enthält –, las er die neutestamentliche Zusammenfassung des Gesetzes: „Du sollst den Herrn, deinen Gott, lieben von ganzem Herzen, von ganzer Seele und von ganzem Gemüt … Du sollst deinen Nächsten lieben wie dich selbst" (Matthäus 22,37 und 39). Dann verkündete er im selben feierlichen Tonfall: „Damit endet die Lesung des Gesetzes."

Als Kind fiel es mir schwer, mit diesem wöchentlichen Ritual etwas anzufangen. Ich wusste immer genau, was der Pastor sagen würde – ich hätte sogar den gesamten Abschnitt mitsprechen können –, und deshalb hatte ich nicht das Bedürfnis, es immer wieder zu hören. Ich schaltete meinen Verstand auf Autopilot und ertrug einfach die wiederholte Lesung, ohne mir auch nur einmal ihre wahre Bedeutung bewusst zu machen. Alles, was mir diese jugendliche Geduldübung einbrachte, war eine auswendig gelernte Liste biblischer Gebote und Verbote.

Aber das Leben ist mehr als das Auswendiglernen von Geboten und Verboten. Wenn wir für unseren wahren und lebendigen Gott leben, hat das etwas mit unseren Lebenszielen zu tun. Uns steht nur ein Leben zur Verfügung, und anschließend werden wir Rechenschaft darüber ablegen müssen, was wir mit diesem Leben angefangen haben. Worauf können wir zurückblicken, wenn es so weit ist? Was sind dann unsere wichtigsten Lebensziele gewesen?

War es vielleicht unser Vergnügen? Oder der Aufbau eines Imperiums? Oder das Erreichen einer bestimmten Sprosse auf der Karriereleiter? Oder das Ausüben von Macht? Bestand unser Ziel einfach darin, ein „guter Mensch" zu sein?

Wir müssen uns diese Fragen stellen: Was wollen wir erreichen? Wofür leben wir?

Wer das erste Gebot verstanden hat und befolgt, wird es als sein oberstes Ziel im Leben bezeichnen, Gottes Willen zu entdecken. Und ihn nicht nur entdecken, sondern auch leidenschaftlich danach zu streben, ihn in die Tat umzusetzen. Ein Mensch, der dies will, beugt sich vor Gott und bittet ihn darum, ihm einen Auftrag für sein Leben zu geben. „Zeige mir deinen Willen", betet er, „und ich werde ihn gerne tun."

Wenn Gott wirklich auf dem Thron Ihres Lebens sitzt, werden Ihre Gedanken automatisch in seine Richtung wandern. Sie werden das Verlangen haben, ihm zu gefallen, und Ihr oberstes Ziel im Leben wird sein, seinen Willen zu erkennen und zu tun. Wenn das in Ihrem Leben nicht der Fall ist, machen Sie sich selbst etwas vor.

Sie beten einen falschen Gott an.

Erste Woche

Standortbestimmung

Nehmen Sie sich am Ende der ersten Woche etwas Zeit, um darüber nachzudenken, in welcher Weise diese Andachten Sie angesprochen haben. Welche geistlichen Erkenntnisse haben Sie beispielsweise gewonnen? Welche praktischen Umsetzungsmöglichkeiten sind Ihnen eingefallen? Wie werden sich Ihre Einstellung bzw. Ihr Verhalten aufgrund dessen wahrscheinlich verändern?

Nutzen Sie Ihre Antworten als „Aufhänger" für ein geistliches Tagebuch oder als Themen für Ihre Gebetszeiten. Auf diese Weise können Sie Ihr geistliches Wachstum festhalten, während Gottes Wille in Ihrem Leben Gestalt annimmt.

Kurz nachgedacht

1. Warum ist es in Ihrem eigenen Interesse, die Gebote zu kennen, anzunehmen und zu befolgen? Ganz besonders das erste Gebot?

2. Wenn Sie heute vor Gott stehen müssten, um Rechenschaft für die Dinge oder Menschen abzulegen, die in Ihrem Leben die wichtigste Rolle spielen, wie würden Sie ihm Ihre Prioritäten erklären?

3. Zu welchen Menschen oder Dingen schweifen Ihre Gedanken, wenn Sie eine Weile lang zur Ruhe kommen? Warum?

4. Denken Sie noch einmal darüber nach, worin Sie an einem ganz normalen Tag Ihre Zeit, Ihr Geld und Ihre Kraft investieren. Was sagt das über Ihre Ziele aus? Und darüber, wem Sie zu gefallen suchen?

5. Jemand, der das erste Gebot befolgt, sehnt sich leiden-

schaftlich danach, Gottes Willen in seinem Leben umzusetzen. Welche bewussten Entscheidungen treffen Sie, um
Gottes Willen zu Ihrem obersten Ziel zu machen? Und in
welchen Bereichen Ihres Lebens lassen Sie zu, dass andere
„Götter" um Ihre Aufmerksamkeit ringen?

Für das persönliche Gebet

- Beginnen Sie Ihre tägliche Gebetszeit mit der Bekräftigung,
  dass Gott Ihre ganze Hingabe verdient. Sie können zum
  Beispiel sagen: „Herr, ich komme heute mit meinen Freuden und Sorgen zu dir, weil nur du Ohren hast, um meine
  Gebete zu hören, und die Weisheit, um darauf zu antworten."
- Lesen Sie das 38. Kapitel des Buches Hiob in mindestens
  zwei verschiedenen Bibelübersetzungen und denken Sie
  darüber nach. Hören Sie auf das, was Gott im Gespräch
  mit Hiob über sich selbst sagt. Überlegen Sie dann: Was
  möchte ich Gott als Antwort darauf sagen?
- Loben Sie Gott, und danken Sie ihm dafür, wer er ist, und
  dafür, wie die Wahrheit der Zehn Gebote Ihnen ein erfüll-
  tes Leben schenkt.

Meine persönlichen Erkenntnisse ...

Gib dich nicht mit bloßen Schatten zufrieden!

„Du sollst dir kein Gottesbild anfertigen.
Mach dir überhaupt kein Abbild von irgendetwas
im Himmel, auf der Erde oder im Meer.
Wirf dich nicht vor fremden Göttern nieder
und diene ihnen nicht. Denn ich, der Herr, dein Gott,
bin ein leidenschaftlich liebender Gott
und erwarte auch von dir ungeteilte Liebe.“
2. Mose 20,4–5

Das Thema dieser Woche:
Die Wirklichkeit Gottes übersteigt alle Bilder
und Vorstellungen, die wir uns
von ihm machen können.

Tag 1

Eine logische Folge?

Stellen Sie sich Folgendes vor: Je mehr Sie Gott mit Ihrem Gehorsam die Ehre geben und ihn anbeten, desto mehr wird Gott Sie segnen. Dieser sich mehrende Segen weckt in Ihnen ein noch größeres Verlangen, Gott anzubeten und ihm zu gehorchen. Merken Sie etwas? Dieser Kreislauf setzt sich immer weiter fort, bis Sie in die Worte des Psalmisten einstimmen können: „Wie kann ich dem Herrn vergelten, was er für mich getan hat?" (Psalm 116,12).

An dieser Stelle muss der Betreffende sich einige Fragen stellen. „Nachdem ich ihm mein Leben, meinen Gehorsam, meine Anbetung, meine Zeit, meine Begabungen und meine Besitztümer anvertraut habe, was kann ich noch tun? Wie kann ich meiner Wertschätzung und Verehrung für ihn noch Ausdruck verleihen?"

Während der Christ sich mit diesen Fragen auseinandersetzt, beginnt in seinem Herzen ein neues Verlangen – das sowohl aufregend als auch gefährlich ist – zu wachsen. Seine innere Anbetung verlangt nach einem äußeren Ausdruck. Der Christ will seine Liebe zu Gott in Worte fassen und merkt, dass er plötzlich Anbetungs- und Loblieder singt – und das macht ihm riesigen Spaß! Er stellt fest, dass er häufiger und mit größerer Freiheit und Intensität betet. Und er fängt sogar an, als Ausdruck der Demut und Unterordnung niederzuknien. Er will auf ganz sichtbare Weise die unsichtbare Verehrung zeigen, die er in seinem Herzen trägt.

Sein Verhalten gegenüber Gott ähnelt in gewisser Weise bestimmten Reaktionen, die ich meinen Kindern entgegenbringe. Zum Beispiel kam es früher, als meine Kinder noch klein waren, manchmal vor, dass ich mit einer Zeitung im Wohnzimmer saß und den Kindern beim Spielen zusah, und plötzlich wurde ich von meiner Liebe zu ihnen überwältigt. Dann musste ich einfach die Zeitung wegwerfen und mir eins von den Kindern schnappen. „O nein, ein Liebesanfall!", rief meine Tochter dann fröhlich, während ich ihr meine Zuneigung zeigte, indem ich sie fest an mich drückte.

Echte Liebe verlangt danach, in greifbarer Form ausgedrückt zu werden; und wenn die Liebe stärker wird, nimmt auch das Verlangen zu, ihr sichtbar Ausdruck zu verleihen. Deshalb haben Christen, die von der Liebe zu Gott erfüllt waren, im Laufe der Geschichte immer wieder das Verlangen verspürt, ihrer Anbetung ganz greifbar Ausdruck zu verleihen. Sie wollten ihre Hingabe dadurch erleichtern und verstärken, dass sie sich auf bestimmte Dinge konzentrierten, die ihre Aufmerksamkeit auf sich ziehen und sie zur Anbetung führen würden.

An diesem Wunsch ist doch nichts auszusetzen, oder? Rein oberflächlich betrachtet scheint er harmlos und sogar löblich. Und doch sagt Gott angesichts dieses natürlichen und überwältigenden Verlangens: „Keine geschnitzten Bilder. Keine Abbildung von irgendetwas, das oben im Himmel, unten auf der Erde, im Wasser oder unter der Erde ist. Keine Anbetungshilfen."

Warum ist das so? Verlangt Gott da nicht zu viel? Stellt er unsere Beweggründe in Frage? Was dachte er sich dabei, als er dieses Gebot erließ?

Ich glaube, die Antwort liegt auf der Hand. Kein Bild, das von Menschenhänden gefertigt wurde, kann jemals die Gesamtheit, die Transzendenz und die Majestät Gottes angemessen wiedergeben. Wir könnten niemals etwas formen, malen oder schnitzen, das eine angemessene Darstellung dessen sein könnte, wie Gott ist. Würden wir dies versuchen, dann wäre das so, als wollte man einen Wissenschaftler dazu bringen, die Geschichte der Welt in einen Satz zusammenzufassen, oder einen Bildhauer, aus einem einzigen Sandkorn eine Kopie vom Mount Rushmore herzustellen, oder einen Musiker, Beethovens fünfte Sinfonie auf einer Schiedsrichterpfeife zu spielen. Es ist einfach unmöglich. Und es wäre absurd, das auch nur vorzuschlagen!

$\mathcal{T}ag\ 2$

Mehr als nur ein goldenes Kalb

Es ist schon eine tragische Ironie, dass das Volk Israel, während Gott Mose das zweite Gebot gab, gerade genau das tat, was dieses Gebot untersagte. Das zweite Buch Mose berichtet davon, dass das Volk während Moses längerem Aufenthalt auf dem Berg zu zweifeln begann, ob er jemals zurückkommen würde, um sie weiter zu führen. Deshalb beschlossen die Menschen, sich „einen Gott zu schaffen", der vor ihnen her gehen konnte. Aaron, der in Moses Abwesenheit ihr Anführer war, sammelte Goldschmuck aus dem Volk, schmolz ihn ein und goss ihn in die Form eines goldenen Stiers. Dann errichtete er einen Altar davor und erklärte: „Morgen feiern wir ein Fest für den Herrn!" (2. Moses 32,5).

Warum das Götzenbild?

Während manche Kommentatoren glauben, dass die Israeliten durch die Errichtung ihres goldenen Kalbes dem wahren Gott den Rücken kehrten, sind andere davon überzeugt, dass dies gar nicht ihre Absicht war. Aarons Ausrufung eines Festes „für den Herrn" scheint jedenfalls nahezulegen, dass zumindest er sich keinem anderen Gott zugewandt hatte. Er gab lediglich dem Drängen des Volkes nach, ein sichtbares Bild für ihren Gott zu schaffen. Ein Kommentator schreibt: „Wie Kinder wollten sie etwas haben, das ihre Sinne ansprach … ein sichtbares, greifbares Objekt als Symbol der göttlichen Gegenwart, das vor ihnen her ziehen sollte." Mit anderen Worten: Wenn die Israeliten schon nicht ihren sichtbaren, menschlichen Anführer haben konnten, dann wollten sie wenigstens ein Abbild Gottes, das sie sehen, berühren und vorzeigen konnten.

Aber Gott war gekränkt. So gekränkt sogar, dass nur das Gnadengesuch Moses ihn darin hinderte, das gesamte Volk zu vernichten.

Warum der Zorn?

Warum war Gott so wütend? Weil er wusste, dass ein Stier – oder jedes andere greifbare Symbol – nur einen winzigen Bruchteil seines wahren Wesens darstellen konnte. Ja, der Stier stand für Gottes Macht; aber was war mit seiner Heiligkeit, seiner Majestät, seiner Liebe? War es möglich, dass ihre Nachahmung ägyptischer Bräuche ihre Augen für das Mysterium der absoluten moralischen Vollkommenheit Gottes blind machte?

Wissen Sie, die Israeliten wollten mit dem Kalb den wahren Gott abbilden, das heißt, sie verstießen nicht gegen das erste, sondern gegen das zweite Gebot. Mit anderen Worten: Sie wandten sich nicht falschen Göttern zu – sie machten sich lediglich ein Bild von dem wahren Gott.

Kann Ihnen und mir das heute auch passieren? Ja, und es kann uns zum Verhängnis werden! Warum? Weil das Abbild Gottes, an das wir uns klammern, wie alle Bilder nicht die Fülle von Gottes Wesen wiedergeben kann. Dies führt dazu, dass es uns an der Anbetung eher hindert, als sie zu fördern. Es wird uns auf den steinigen Pfad des Ungehorsams führen.

$\mathcal{T}ag\ 3$

Der Schöpfer:
Größer als die Schöpfung

Die Sünde der Götzenverehrung ist bei den Israeliten offensichtlich. Aber betrachten wir einmal genauer, was all das eigentlich mit uns zu tun hat. Was bedeuten die uralte Geschichte und das zweite Gebot für uns moderne Christen? Wir sind ja nicht so dumm, ein goldenes Kalb zu schaffen.

Um diese Frage zu beantworten, muss ich mich ganz vorsichtig durch ein „Minenfeld" bewegen. Mir ist klar, dass ich dabei wahrscheinlich ein paar Explosionen lostreten und mir auf dem Weg auch selbst einige Schrapnelle einfangen werde. Aber wir müssen diese Reise unternehmen, wenn wir ein Gespür dafür entwickeln wollen, welche Auswirkungen Gottes Gebot hat.

Meiner Meinung nach sollten einige moderne Bilder und Gegenstände im Lichte dieses Gebotes sorgfältig überprüft werden. So geben zum Beispiel viele Christen, vor allem jene mit römisch-katholischer Tradition, dem Kruzifix einen Ehrenplatz in der breiten Palette religiöser Symbole. Mit seiner Darstellung Jesu am Kreuz, wie er unter Schmerzen und Qualen für die Sünden der Welt stirbt, ist das Kruzifix ein anschauliches Bild der größten Liebestat, die jemals auf diesem Planeten vollbracht wurde. Es erinnert uns an ein reales Ereignis, das allen Gläubigen heilig ist. Was könnte also falsch daran sein, in der Gegenwart eines Kruzifixes zu beten oder ihm einen Wert beizumessen?

Das Problem, sagt J. I. Packer in seinem Buch „Gott erkennen", ist, dass das Kruzifix die menschliche Schwäche Jesu hervorhebt, ohne zugleich seine göttliche Kraft zu zeigen. Es bildet die Realität seines Leidens und seiner Schmerzen ab, kann uns aber nicht an seinen Sieg und die Freude erinnern. Es zeigt uns den sterbenden Jesus, vernachlässigt dabei aber die Tatsache, dass der lebendige Jesus mit seiner Auferstehungskraft aus dem Grab hervorgegangen ist.

Ich habe kein Problem mit dem, was ein Kruzifix abbildet, sondern nur damit, was es *nicht* abbildet. Es vermittelt uns kein angemessenes Gesamtbild dessen, wer Gott ist. Es zeigt nur einen Ausschnitt seiner wahren Identität.

Vielleicht denken Sie jetzt: *Also wirklich! Ein Bild kann schließlich nicht alles darstellen.* Genau das ist ja mein Argument! Bilder können nicht alles zeigen. Also sagt Gott: „Versucht es gar nicht erst. Benutzt keine Bilder. Sie sind der Aufgabe nicht gewachsen."

Warum, zum Beispiel, sollten wir ein Kreuz aufhängen und nicht ein leeres Grab? Oder warum ein leeres Grab und keine Krippe? Das Wunder der Menschwerdung Jesu ist für unseren Glauben ebenso zentral, wie sein Tod und seine Auferstehung es sind. Die Tatsache, dass Jesus, der ganz Gott war, gleichzeitig ganz Mensch wurde, ist eine Wahrheit, die für unseren Glauben von großer Bedeutung ist.

Und was ist mit Bildern von Jesus? Der Jesus der sechziger Jahre sah aus wie ein demonstrierender Student und war ein angemessener Anführer eines revolutionären Zeitalters. In den Siebzigern hatten wir einen Macho-Jesus, gut gebaut und gestylt, der ganz offensichtlich das Geschöpf einer narzisstischen Gesellschaft war. Wie werden wir ihn in den kommenden Jahrzehnten abbilden? Werden wir ihn in die Gestalt eines Yuppies zwängen? Welche bildliche Darstellung von Jesus wird uns am besten gefallen und ihn für uns besonders annehmbar machen?

Mit anderen Worten: Welche einzelne Darstellung kann die Gesamtheit dessen, wer Gott ist oder was Jesus Christus für Sie getan hat, wirklich und wahrhaftig abbilden? Keine. Und deshalb bitte ich Sie inständig, sich an keinem Bild festzuhalten. Wenn Kunst – Formen und Farben und Musik – Ihnen dabei hilft, im Geist und in der Wahrheit anzubeten, ist das schön und gut. Seien Sie sich nur bewusst, es besteht die Gefahr, dass Sie denken, Sie könnten die Fülle des Schöpfers jemals mit einem kleinen Stück dessen einfangen, was er erschaffen hat.

Tag 4

Der Allmächtige als Kumpel?

Die Bibel ruft uns auf, im Geist und in der Wahrheit anzubeten (Johannes 4,24). Das heißt, wir sollen den Gott anbeten, der wirklich existiert, und nicht ein Gebilde unserer Fantasie. Deshalb wenden wir uns der Bibel zu, um uns im vielfältigen Licht seines göttlichen Wesens zu sonnen.

Aber wer die niedergeschriebene, offenbarte Wahrheit über Gott ignoriert, wird unweigerlich ein verzerrtes Bild von ihm bekommen. Viele Menschen, sogar Christen, sehen Gott als strengen Richter. Dabei heißt es in der Bibel, dass Gott kein gieriges Ungeheuer ist. Am liebsten würde er uns durch seine Liebe gewinnen (vgl. Johannes 3,17). Manche betrachten Gott als einen Militärkommandanten, der herzlos seine Befehle brüllt und Ultimaten stellt, aber sie haben vergessen, dass der Gott der Bibel seine Kinder dazu einlädt, ihn „Abba, Vater" zu nennen, was so viel bedeutet wie „Papa" (Römer 8,15–16).

Andere sehen Gott, wie der Schauspieler George Burns ihn in den siebziger Jahren darstellte – als lustigen alten Mann in Tennisschuhen und mit Brille. Gott ist ihr Kumpel, ein netter Typ, mit dem man gern Zeit verbringt.

Vor kurzem saß ich auf einem Flug nach Kalifornien neben einer jungen Frau, die mir erzählte, dass sie mit ihrem Freund zusammenlebte, zu viel trank und oft Kokain schnupfte. Nebenbei erwähnte sie andere Aspekte ihres Lebensstils, die sowohl illegal als auch unmoralisch waren. Schließlich kamen wir auf das Christentum zu sprechen.

„Wie vereinbaren Sie Ihren Lebensstil eigentlich mit Gottes Willen, seiner Weisheit und seinem Wort?", fragte ich sie.

Ohne zu zögern, antwortete sie mit Worten, denen man heutzutage so oft begegnet: „Mein Gott ist mehr der großväterliche Typ, der mich liebt und auf mich aufpasst und mir sagt, dass er mich gut findet. Er weiß, wie Jungs und Mädels gestrickt sind. Was ich tue, ist ihm nicht so wichtig."

Es ist für uns natürlich viel leichter, Gott zu ändern, als uns seinem Willen unterzuordnen. Wer will sich schon mit den Erwartungen eines heiligen Gottes auseinandersetzen, wenn man sich einen metaphysischen Opa basteln kann, der einem gutmütig den Kopf tätschelt und Sünden ignoriert? Wer will schon ein wahrheitsgemäßes Bild von einem souveränen Gott, wenn man sich ein zweckdienliches Bild von einem Wesen machen kann, das sich nicht in die selbstsüchtigen Wünsche der Menschen einmischt?

Doch wir können Gott nicht einfach zum Kumpel erklären. Der wahre Gott der Bibel ist mehr als nur ein guter Freund. Als Jesaja die Vision des Allmächtigen hatte, die sein Leben für immer verändern sollte, sagte er nicht: „Hi Gott, wie geht's denn so? Ich hab mich schon total auf unsere Begegnung gefreut. Du bist echt ein toller Kerl!" Stattdessen sagte er sinngemäß: „Das ist mein Ende! Ich bin voller Sünde. Wie könnte ich in der Gegenwart eines heiligen Gottes bestehen?" (Jesaja 6,5).

Ist das auch Ihre Haltung, wenn Sie Gott heute begegnen? Denken Sie daran: Falsche Vorstellungen sind Gott genauso zuwider wie das goldene Kalb der Israeliten. Das zweite Gebot verbietet sie ebenso eindeutig wie jedes greifbare Bild, das von Menschenhänden erschaffen wurde.

Substanz statt Schatten!

Sie haben sich wahrscheinlich noch nie etwas aus heidnischen Götzen gemacht, oder? Aber vielleicht geht es Ihnen wie mir, und Sie haben festgestellt, dass sich das zweite Gebot meist ziemlich unerwartet zu Wort meldet, jetzt wo Sie einmal ernsthaft darüber nachgedacht haben.

Ich will Ihnen zeigen, was ich meine. Neulich rief mich ein Mann an und erzählte mir, er habe unsere Gemeinde besucht und mache sich nun Gedanken, weil ich von einer Plexiglaskanzel herab gepredigt hätte. Er erläuterte mir die Tradition der hölzernen Kanzel und fragte, wie ich es vertreten könne, von dieser bewährten Tradition abzuweichen. Nach einem längeren Gespräch einigten wir uns freundlich darauf, unterschiedlicher Meinung zu sein und zu bleiben. Trotzdem war ich traurig darüber, dass wir uns eine halbe Stunde lang über Kanzelkonstruktionen unterhalten hatten, ohne auch nur ein Wort über das zu verlieren, was ich von dieser Kanzel verkündet hatte.

Das ist doch wieder einmal typisch menschlich! Wir konzentrieren uns auf Holz und Plastik, wo wir uns doch eigentlich auf geistliche Wahrheiten konzentrieren sollten, die Gottes Wort uns so überzeugend offenbart. Wir legen viel zu großen Wert auf Schemen und vernachlässigen die Substanz des christlichen Glaubens.

Was ich mit den Andachten dieser Woche unterstreichen wollte, ist Folgendes: Gott weiß, dass kein Bild, das wir verwenden könnten, um ihn zu beschreiben oder „sein Image aufzupolieren", dem gerecht wird, was und wie er wirklich ist. Gleichgültig, ob wir Materialien aus Holz oder Glas, Stahl oder Plastik verwenden – unsere Schöpfung würde seine Macht, sein Wesen und seine geheimnisvolle Heiligkeit nur unzureichend darstellen. Schließlich würden wir ihn wahrscheinlich so sehen, wie es dem von uns selbst geschaffenen Bild entspricht, und nicht mehr als den mächtigen Gott der Bibel. Wir würden dann irgendwann nicht mehr ihn anbeten, sondern nur noch einen Schatten dessen, wer er tatsächlich ist. Und er will nicht, dass wir ihn entehren oder unsere Zeit damit verschwenden, einen Schemen anzubeten.

Die Kirche ist dazu berufen, den Menschen mehr als ein Glaubensbekenntnis, ein Zeremoniell, eine Tradition, Formeln oder einen Schatten zu vermitteln. Der Leib Christi hat das unvergleichliche Vorrecht und die Ehrfurcht gebietende Verantwortung, den Menschen das zu geben, wonach sich ihr Herz sehnt – die Wahrheit, die sie zu einer täglichen, wachsenden und Leben verändernden Beziehung mit dem lebendigen Retter führt. Wir alle müssen begreifen, dass wir, wenn wir unsere Sünden bereuen und Jesus Christus nachfolgen, eine lebenswichtige Beziehung zu einem lebendigen Gott haben, den wir überall und jederzeit anbeten können.

Ich bete dafür, dass die Kirche des 21. Jahrhunderts von der Tyrannei verstaubter Relikte befreit wird, die unseren allmächtigen Gott niemals ganz beschreiben können. Lernen wir, Gott im Geist und in der Wahrheit anzubeten! Weigern wir uns, mit bequemen Bildern zufrieden zu sein, und streben wir danach, den einen wahren Gott noch besser kennenzulernen!

Wollen Sie sich dazu verpflichten?

Zweite Woche

Standortbestimmung

Nehmen Sie sich am Ende dieser Woche etwas Zeit, um darüber nachzudenken, welche Wirkung diese Andachten auf Sie hatten. Welche geistlichen Erkenntnisse haben Sie zum Beispiel gewonnen? Welche praktischen Umsetzungsmöglichkeiten sind Ihnen eingefallen? Wie werden sich Ihre Einstellung bzw. Ihr Verhalten aufgrund dessen wahrscheinlich verändern?

Nutzen Sie Ihre Antworten als „Aufhänger" für ein geistliches Tagebuch oder als Themen für Ihre Gebetszeiten. Auf diese Weise können Sie Ihr geistliches Wachstum festhalten, während Gottes Wille in Ihrem Leben Gestalt annimmt.

Kurz nachgedacht

1. Wo würden Sie sich selbst auf einer Religiositätsskala (von sehr sakramentalen Traditionen am linken Rand des Spektrums bis zu Traditionen, die jede Art von bildlicher Darstellung ablehnen, am rechten Rand) einordnen und warum? Welche Vorstellung haben Sie von Gott? Was glauben Sie zum Beispiel, wie Gott „aussieht"?
2. Lesen Sie 2. Mose 20,4–6. Gott will nicht, dass wir uns Bilder von ihm machen, weil kein Bild Gottes Wesen in seiner Gesamtheit angemessen widerspiegeln kann. Was halten Sie von „Hilfsmitteln" bei der Anbetung? Sind alle Bilder „Götzen"?
3. Lesen Sie Johannes 4,21–24. Was bedeutet es für Sie, Gott „im Geist und in der Wahrheit" anzubeten? Inwiefern können Bilder geistliche und wahrhaftige Anbetung verhindern?

4. Christen können Gott überall anbeten – auf einem Berggipfel, während einer Autofahrt oder bei einem Strandspaziergang. Wenn Sie dies im Hinterkopf behalten: Was halten Sie dann davon, bestimmte Orte oder Gegenstände wie zum Beispiel eine heilige Stätte, Bleiglasfenster oder Weihrauch zu benutzen, um Ihre Fähigkeit zur Anbetung Gottes zu fördern?

Für das persönliche Gebet

- Nehmen Sie sich etwas Zeit, und bekennen Sie Gott, wenn Sie sich falsche Vorstellungen von ihm gemacht haben.
- Bitten Sie den Heiligen Geist, Ihnen zu helfen, Gottes Wesen besser zu verstehen, während Sie nachlesen, was die Bibel über ihn sagt.
- Beenden Sie Ihre Gebetszeit, indem Sie einige der Bilder nennen, mit denen die Bibel Gott beschreibt, und bestätigen Sie so sein wahres Wesen. Sie können zum Beispiel beten: „Herr Jesus, ich danke dir, dass du der gute Hirte bist, der ..."

Meine persönlichen Erkenntnisse ...

Aus Gotteslästerung mach Gotteslob!

„Du sollst den Namen des Herrn,
deines Gottes, nicht missbrauchen;
denn der Herr wird jeden bestrafen, der das tut."
2. Mose 20,7

Das Thema dieser Woche:
Der Name Gottes ist Ausdruck seines Wesens
und seiner Heiligkeit.

Gehen Sie vorsichtig mit diesen Worten um!

Stellen Sie sich vor, Sie sitzen in einem Restaurant und lassen Ihre Gedanken schweifen. Plötzlich sagt ein Gast am Nebentisch etwas, das Sie unbeabsichtigt mitanhören. Während Sie über das Gespräch nachdenken, dessen Zeuge Sie gerade geworden sind, überlegen Sie: *Ah, ich weiß, was dieser Mensch von Beruf ist.* Sie haben vielleicht die Worte gehört: „In der letzten Zeit haben Spekulanten mit Leerverkäufen die Kurse erheblich gedrückt." Und schon wissen Sie, dass Sie es mit einem Börsenmakler zu tun haben.

Es gibt auch andere Wörter oder Formulierungen, die klare Indizien sind. Sie verraten uns vielleicht nicht den Beruf dessen, der sie verwendet, aber sie verraten etwas sehr Wichtiges über das Innenleben dieses Menschen. Wenn wir hören, wie jemand den Namen Gottes oder Jesu Christi als Fluch gebraucht – oder als gedankenlosen Ausdruck von Wut, Enttäuschung oder Angst –, dann wissen wir sofort, dass dieser Mensch die Majestät, die Heiligkeit und das Wunder Gottes noch nicht wirklich erfahren hat.

Im ersten Gebot geht es darum, dass der richtige Gott auf dem Thron unseres Lebens sitzen muss. Das zweite Gebot rät uns sicherzustellen, dass wir wirklich ihn anbeten und nicht nur ein Abbild seiner selbst. Und das dritte Gebot besagt nun, dass sogar sein Name mit Ehrfurcht und Respekt verwendet werden muss. Jedes Mal, wenn wir Gottes Namen sagen oder singen, müssen wir uns dessen sehr bewusst sein. Wir sollten seinen Namen niemals leichtfertig oder aus Gewohnheit aussprechen und selbstverständlich sollen wir ihn auch nicht als Fluch gebrauchen.

Tim Vandenbos, der Leiter unseres Jugendcamps, besaß einen Schäferhund namens Jesse, den er gekauft hatte, als er im Ausland seinen Militärdienst leistete. Tim hatte damals in einem Wachtturm Dienst tun müssen, wo er häufig lange Zeit ohne menschliche Kontakte war, und so entwickelte er eine besondere Zuneigung zu seinem Hund. Und der Hund war seinem Herrchen treu ergeben.

Jahre später, in unserem Ferienlager in Michigan, folgte Jesse Tim noch immer überall hin. Nur wenn Tim den Fluss hinunterfahren musste, um Vorräte einzukaufen, mussten die beiden sich trennen. Dann lag Jesse mit hängenden Ohren und schwerem Herzen am Ufer und wartete auf Tims Rückkehr. Einige Mitarbeiter, die von der besonderen Beziehung zwischen Tim und dem Hund wussten, kamen manchmal ans Wasser herunter und machten sich einen Spaß.

„Hey, Jesse", neckten sie, „wo ist Ralph?" Jesse zeigte keine Reaktion.

„Hey, Jesse", versuchten sie es noch einmal, „wo ist Joe?" Immer noch keine Reaktion.

„Hey, Jesse, wo ist Tim?" Und dann wurde Jesse ganz wild! Er stellte seine Ohren auf, wedelte wie verrückt mit dem Schwanz und rannte am Ufer auf und ab, weil er hoffte, jeden Augenblick das Geräusch von Tims Boot zu hören. Man musste bloß den Namen seines Herrchens erwähnen und konnte an Jesses Reaktion darauf schon erkennen, wie sehr der Hund ihn liebte. Ein einziges Wort genügte, um seine Gedanken auf seinen Herrn zu richten.

Genauso ist es auch, wenn wir den Namen Gottes hören, sagen oder singen. Sofort denken wir an die Wahrheiten, die wir über den Einen wissen, der sich hinter diesem Namen verbirgt. Das dritte Gebot weist uns darauf hin, dass wir besser bereit sein sollten, Gott anzubeten, wann immer uns solche Gedanken kommen – denn das Wesen, an das wir erinnert werden, ist der Gott, der aus sich heraus würdig ist, der uns erschaffen hat und uns erhält und der uns Hoffnung für die Zukunft gibt.

Tag 2

Ist es Gott wirklich wichtig?

Im 3. Buch Mose lesen wir, dass der Sohn einer israelischen Frau mit einem anderen Mann in Streit geriet. Die beiden kämpften und der Israelit „lästerte ... den Herrn und schmähte seinen Namen" (3. Mose 24,11). Im alten Israel wurde der Name Gottes so hoch verehrt, dass es ein schweres Vergehen war, ihn als Fluch auszusprechen.

Der Mann hatte jedoch das Pech, dass einige andere in der Nähe standen, die Gottes Gebote kannten und seine gotteslästerlichen Flüche gehört hatten. Nach dem Streit brachten sie den Mann zu Mose und fragten diesen, was mit jemandem geschehen sollte, der *den Namen* verflucht hatte. Mose gab Gottes Antwort weiter: „Steinigt ihn!"

Was Gott hier sagt, ist: „Welches Recht hat ein Sünder, zornig seine kleine Faust zu schütteln und den Namen des heiligen Gottes zu lästern? So eine Frechheit! Das kann ich nicht dulden!"

„Aber", könnten Sie entgegnen, „das war zur Zeit des Alten Testaments. Seither haben die Dinge sich geändert. Was sagt denn das Neue Testament dazu?"

Jesus hat tatsächlich etwas sehr Wichtiges über Gottes Namen gesagt. Um das Ausmaß seiner Worte besser verstehen zu können, möchte ich Sie bitten, mir bei einer weiteren kleinen kreativen Denkübung zu folgen.

Stellen Sie sich vor, Jesus käme eines Sonntagmorgens in Ihre Gemeinde und wollte Ihnen von der Kanzel aus seine wichtigsten Gebetsanliegen mitteilen. Haben Sie irgendwelche Zweifel, wie Sie auf sein ruhiges „Bitte hört genau zu" reagieren würden? Natürlich nicht! Sie und jeder andere Gläubige in dieser Gemeinde würden sich sofort Papier und Bleistift schnappen und gespannt abwarten. Der Sohn Gottes, der Messias selbst, will

Ihnen schließlich etwas darüber erzählen, was ihm wirklich wichtig ist. Was für eine Ehre! Was für ein Privileg!

Diese imaginäre Situation spiegelt ziemlich genau die Umstände wider, unter denen Jesus die Jünger das Vaterunser lehrte. Als seine Jünger ihn fragten, wie sie beten sollten, gab er ihnen ein Beispiel, das Grundlage für ihre eigenen Gebete sein sollte – und damit gab er ihnen auch einen Einblick in sein eigenes Gebetsleben.

„Unser Vater im Himmel!", begann er. „Dein Name werde geheiligt" (Matthäus 6,9). Nachdem er deutlich die Identität des Einen festgestellt hatte, zu dem er betete, nannte er sofort sein wichtigstes Anliegen – dass Gottes Name geheiligt werde. Er wollte, dass dieser Name verehrt und geachtet und nur so gebraucht wurde, dass es Gott zur Ehre gereichte.

Können wir wirklich daran zweifeln, dass es Gott ernst ist damit, wie wir seinen Namen gebrauchen? Wollen Sie heute versuchen, Ihre Zunge im Zaum zu halten, während ich das Gleiche tue?

Tag 3

Unwissenheit schützt vor Strafe nicht!

Ich kann gut verstehen, dass manche Menschen aus reiner Unwissenheit gegen das dritte Gebot verstoßen. Mein Vater führte
das Großhandelsgeschäft, das sein Vater gegründet hatte. Als
ich in der zweiten Klasse war, fing mein Vater an, mich Sams-
tags ins Lager mitzunehmen, wo ich ein paar Dinge von den
Lagerarbeitern lernte – darunter auch einige Schimpfwörter,
die ich nicht einmal verstand.

Als wir eines Samstagnachmittags aus der Lagerhalle zurück waren, war ich mit meinem älteren Bruder Dan zusammen, der nie einen Zweifel daran gelassen hatte, dass er mich
für einen totalen Versager hielt. Was immer ich auch tat, es beeindruckte ihn nicht, und er war niemals stolz auf mich. Mit
allem, was ich tat, spielte ich in der untersten Klasse ... bis zu
jenem Samstagnachmittag.

Willkommen in der Oberliga!

Wie üblich waren wir in meinem Zimmer, und ich verwendete
eines der neuen Wörter, die ich von den Lagerarbeitern gelernt
hatte. Junge, Junge, war Dan überrascht – und sichtlich beein-
druckt. Er starrte mich mit riesigen Augen an, und ich merkte,
dass er das für das Coolste hielt, was ich jemals gesagt hatte.
Ich war von der Kreisklasse in die Oberliga aufgestiegen. Dan
lächelte, als wollte er sagen: „Hey Billy, so kenn ich dich ja gar
nicht. Du hast ganz schön Mumm, Kleiner."

Beim Abendessen saßen meine Eltern und wir fünf Kinder
alle um den großen Küchentisch, wie wir es immer taten.
Gegen Ende der Mahlzeit fragte mein Vater, was Dan und ich
nach dem Essen vorhätten. Ich lehnte mich in meinem Stuhl

zurück, legte unbekümmert den Kopf schief und sagte beiläufig einen meiner neuen Ausdrücke – so wie ich ihn von den Lagerarbeitern gehört hatte, wenn sie sagen wollten, dass ihnen etwas gleichgültig war.

Ich sah zu Dan hinüber, um sein Lächeln zu sehen, aber aus irgendeinem Grund lächelte er nicht. Im Gegenteil, er war entsetzt. Als mein Blick von einem zum anderen wanderte, sah ich, dass meine ältere Schwester vor Schreck die Luft anhielt, meine Mutter zu weinen anfing und mein Vater sich langsam aus seinem Stuhl erhob. In diesem Augenblick wusste ich, dass man mich reingelegt hatte.

Zurück zu den Anfängern

Auf dem Weg zu meinem Zimmer flehte ich um Gnade. „Papa, ich wusste es nicht. Dan hat mich reingelegt. Er dachte, es ist cool. Ich wusste es nicht. Ich hatte doch keine Ahnung! Ich …"

Ich wusste wirklich nicht, dass das Wort in irgendeiner Form ein Problem darstellte. In meiner Naivität dachte ich, etwas, das so oft benutzt wurde und andere so offensichtlich beeindruckte, müsse in Ordnung sein. Ich kannte die Wahrheit tatsächlich nicht.

Vielleicht haben Sie sich angewöhnt, den Namen Gottes gedankenlos zu gebrauchen. Schließlich wird er in der Schule, an Ihrer Arbeitsstelle, auf der Straße oft verwendet. Vielleicht waren Sie sich dessen nicht bewusst, dass Sie damit eine schwere Sünde begehen – eine Sünde, die so schwerwiegend ist, dass sie im Alten Testament mit dem Tode bestraft wurde. In dieser Sache schützt Unwissenheit nicht vor Strafe.

Wenn Sie Gottes Namen unabsichtlich entehrt haben, bitte ich Sie dringend, jetzt gleich seine Vergebung zu erbitten und Gehorsam zu geloben. Treffen Sie jetzt die Entscheidung, dass Sie nie wieder seinen Namen in falscher Weise verwenden werden.

Tag 4

Nicht unwissend, nur unbeherrscht

Manche Menschen verwenden den Namen Gottes, wenn sie fluchen, weil sie es nicht besser wissen; andere tun es nur deshalb, weil sie sich nicht beherrschen können. Aus der Bibel geht jedoch ganz deutlich hervor, dass das ein Problem ist. Dort heißt es, dass zwar jedes Tier an Land, zu Wasser und in der Luft gezähmt werden kann, dass aber niemand die Zunge des Menschen zähmen kann (Jakobus 3,7–8). Und trotzdem verlangt Gott, dass wir sie unter Kontrolle haben.

Wir können damit anfangen, dass wir unser Herz erforschen. Jesus hat gesagt: „Ein guter Mensch bringt Gutes hervor, weil er im Herzen gut ist. Aber ein schlechter Mensch kann nur Böses hervorbringen, weil er von Grund auf böse ist. Denn wovon das Herz voll ist, davon redet der Mund!" (Lukas 6,45).

Jesus meint hier, dass weder gute Vorsätze noch Selbstbeherrschung uns davon abhalten können, die Beherrschung über unsere Zunge zu verlieren, wenn die Sünde in unserem Herzen wohnt. Wenn wir unter Druck stehen, wird die Rebellion – oder die Bitterkeit, der Zorn oder Hass –, die in den hintersten Ecken unseres Inneren verborgen ist, in einem Ausbruch der Gotteslästerung sichtbar. Wir können nur dann in unserem Mund Klarschiff machen, wenn wir in unserem Herzen aufräumen.

Zum Glück müssen wir unser Herz nicht alleine in Ordnung bringen; der Heilige Geist hilft uns dabei. Wir beginnen also, indem wir um sein göttliches Eingreifen bitten. Der Heilige Geist ist kein Tyrann, der uns sein Wirken gegen unseren Willen aufzwingt. Er wartet darauf, dass wir ihn einladen. Also beginnen wir den Prozess der Reinigung mit einer Einladung. Wir bitten ihn, die Sünde aus unserem Herzen zu entfernen und uns dann mit der Frucht seines Geistes zu füllen –

mit Liebe, Freude, Frieden, Geduld, Freundlichkeit, Güte, Treue, Sanftmut und Selbstbeherrschung (Galater 5,22–23).

Wir können mit dem Heiligen Geist zusammenarbeiten, indem wir das erste und zweite Gebot sorgfältig befolgen. Dazu gehört, dass wir uns Gottes Autorität unterstellen und erkennen, dass er mehr ist als nur ein bequemes Bild, das auf menschlichen Ansichten basiert. Er ist der heilige Gott der Bibel, der unsere demütige Anbetung verdient.

Wir können das Wirken des Heiligen Geistes in unserem Leben auch unterstützen, indem wir die Bibel lesen, christliche Musik hören und geistlich relevante Gespräche mit anderen Christen führen. Je mehr wir unsere Gedanken mit dem Wissen über Gottes Heiligkeit und Majestät füllen, desto unwahrscheinlicher ist es, dass wir seinen Namen lästern. Nach und nach werden wir feststellen, dass Gotteslästerung uns nur noch selten in den Sinn kommt. Wenn es doch einmal geschieht, wird uns die Vorstellung, Gottes Namen zu entehren, regelrecht abstoßend erscheinen. Dann werden wir nicht einmal in Versuchung geraten, es zu tun.

Tag 5

Wer hat das Sagen?

In den ersten zwölf Monaten nach dem Tod meines Vaters konnte ich es nicht ertragen, wenn jemand Witze über Bestattungsunternehmer machte. Wenn jemand sagte: „Kennst du den Witz mit dem Leichenbestatter?", hätte ich am liebsten entgegnet: „Hör bitte auf! Ich will das nicht hören. Ich finde das nicht witzig."

Ähnlich ist es bei Menschen, denen das Wissen um ihre eigene Schuld zu schaffen macht. Sie finden das sorglose Gerede, das den Namen des Einen, der sie geliebt und erlöst hat, nicht komisch. Diese Menschen sind sich der Tatsache bewusst, dass sie eines Tages vor einem heiligen Gott stehen werden. Wenn es so weit ist, werden ihre guten Taten, ihr Geld, ihre Macht, ihre Begabungen und ihre Erfolge keinerlei Bedeutung mehr haben. Sie werden mit leeren Händen vor Gott stehen – es sei denn, sie bereuen ihre Sünden und bitten Jesus Christus, ihr Herr und Erlöser zu sein.

Also tun sie genau das. Nachdem sie dies getan haben, spüren sie, dass sich ein Gefühl tiefen Friedens und der Gewissheit in ihnen ausbreitet. Sie wissen, dass ihnen vergeben wurde und dass sie auf ewiges Leben hoffen dürfen. Das trifft sie so tief, dass sie Gott lieben und anbeten. Schließlich stellen sie fest, dass der Name Jesus für sie wertvoll geworden ist und dass der Name Gottes ein Wort ist, das sie verehren. Das Letzte, was sie wollen, ist, diesen Namen zu beschmutzen.

Im Gegensatz dazu gibt es Menschen, die keine Gewissensbisse spüren, wenn sie absichtlich das dritte Gebot übertreten. Diese Menschen sind wie ein leuchtendes Neonschild, auf dem steht: „Ich habe hier das Sagen. Ich bin hier der Boss!" Sie sind wie ein Teenager, der zum ersten Mal in Gegenwart seiner Eltern raucht. Monatelang hat er heimlich hinterm Fahrradschuppen oder im Auto anderer gepafft. Eines Tages geht er dann ins Wohnzimmer, steckt sich eine Zigarette an, zieht genüsslich daran und sieht seinen Eltern direkt in die Augen. Er sagt gewissermaßen: „Ihr könnt mir keine Angst mehr einjagen. Ihr habt keine Kontrolle mehr über mich. Mir ist es egal, was ihr denkt oder fühlt."

Menschen, die nicht an Gott glauben, aber seinen Namen fluchen, sagen im Grunde genau das Gleiche. Und manche von ihnen sagen es schon seit 30, 40 oder sogar 50 Jahren. Gehören Sie zu diesen Personen? Sind Sie jemand, der Gott offen ins Angesicht lästert?

Wenn ja, dann habe ich eine gute Nachricht für Sie: Derselbe Gott, den Sie verfluchen, liebt Sie. Jetzt, in diesem Augenblick, wartet er darauf, Sie als sein Kind in die Arme schließen zu können. Sie müssen Ihr bisheriges Verhalten nur bereuen. Sagen Sie einfach: „Herr, ich bin derjenige mit dem dreckigen Mundwerk – der deinen Namen verflucht hat. Ich habe dir meine armselige kleine Faust rebellisch entgegengereckt. Und jetzt tut es mir Leid. Ich bitte dich um Vergebung. Ich will nicht, dass Jesus Christus länger ein Schimpfwort ist, das ich verwende. Ich will, dass er mein Retter ist."

Wissen Sie, der Herr des Universums ist Hals über Kopf in Sie verliebt. Auch wenn Sie den Namen des Einen verunglimpft haben, der sein Blut für Sie vergossen hat, sagt Gott trotzdem: „Komm her. Bereue und ändere dein Verhalten. Sei mein Kind."

Wollen Sie Gott dafür nicht ein Herz bieten, dass rein ist, und Lippen, die seinen Namen loben?

Dritte Woche

Standortbestimmung

Nehmen Sie sich am Ende dieser Woche etwas Zeit, um darüber nachzudenken, in welcher Weise diese Andachten Sie angesprochen haben. Welche geistlichen Erkenntnisse haben Sie beispielsweise gewonnen? Welche praktischen Umsetzungsmöglichkeiten sind Ihnen eingefallen? Wie werden sich Ihre Einstellung bzw. Ihr Verhalten auf Grund dessen wahrscheinlich verändern?

Nutzen Sie Ihre Antworten als „Aufhänger" für ein geistliches Tagebuch oder als Themen für Ihre Gebetszeiten. Auf diese Weise können Sie Ihr geistliches Wachstum festhalten, während Gottes Wille in Ihrem Leben Gestalt annimmt.

Kurz nachgedacht

1. Lesen Sie 1. Mose 17,4–5 und 1. Mose 32,28–29. Warum hat Gott die Namen dieser Menschen geändert?
2. Lesen Sie Hosea 1,3–9 und Matthäus 1,21. Inwiefern hat Gott mit den Namen dieser Personen eine bestimmte Absicht verfolgt?
3. Jedes Mal, wenn wir Gottes Namen aussprechen oder singen, sollten wir dies mit Bedacht tun. Was würde Ihnen dabei am schwersten fallen? Warum ist es falsch, Gottes Namen zu missbrauchen?
4. In seinem Brief an die Kolosser ermahnt Paulus Christen, danach zu streben, Gott in allem, was sie sagen, zu gefallen (Kolosser 3,17). Sollte es demnach einen Unterschied geben zwischen dem Gebrauch von Gottes Namen und anderen Dingen, die Sie sagen, oder hängt alles irgendwie zusammen?

5. Auf welche Art und Weise missbrauchen Sie den Namen Gottes sowohl direkt (durch aktive Rebellion) als auch indirekt (zum Beispiel aus Unwissenheit)?

6. Im Vaterunser (Matthäus 6,9) lehrt Jesus seine Jünger, Gottes Namen zu „heiligen". Erstellen Sie eine Liste ganz praktischer Möglichkeiten, wie Sie den Namen Gottes heiligen können. Welchen dieser Schritte sollten Sie auf Ihrem Weg mit Jesus als Nächstes gehen?

Für das persönliche Gebet

- Machen Sie es sich zur Angewohnheit, in Ihrer Gebetszeit Gott mit einigen der Namen anzusprechen, die ihm in der Bibel gegeben werden. Sie können zum Beispiel Ihr Gebet mit folgenden Worten beginnen: „Großer Gott, du bist der Schöpfer des Universums und der Erhalter allen Lebens …"

- Lesen Sie 2. Timotheus 2,11–13. Bekennen Sie, wenn Sie den Namen Gottes in einer falschen Weise verwendet haben, und bitten Sie seinen Geist, Sie zu verändern. Danken Sie ihm, dass er uns die Treue hält, wenn wir danach streben, ihm immer ähnlicher zu werden, denn wir gehören zu ihm.

- Suchen Sie sich einen Freund bzw. eine Freundin, der/die bereits ein erfahrener Christ ist, und bitten Sie ihn oder sie, Sie daran zu erinnern, dass Sie Gottes Namen im umfassenden Sinne dieses Gebotes heilig halten.

Meine persönlichen Erkenntnisse …

Vierte Woche

Beachte den Wartungsplan!

„Halte den Ruhetag in Ehren, den siebten Tag der Woche!
Er ist ein heiliger Tag, der dem Herrn gehört.
Sechs Tage sollst du arbeiten und alle deine Tätigkeiten;
aber der siebte Tag ist der Ruhetag des Herrn, deines Gottes.
An diesem Tag sollst du nicht arbeiten,
auch nicht dein Sohn oder deine Tochter,
dein Sklave oder deine Sklavin, dein Vieh oder der Fremde,
der bei dir lebt. Denn in sechs Tagen hat der Herr
Himmel, Erde und Meer mit allem, was lebt, geschaffen.
Am siebten Tag aber ruhte er. Deshalb hat er
den siebten Tag der Woche gesegnet
und zu einem heiligen Tag erklärt, der ihm gehört.“
2. Mose 20,8–11

Das Thema dieser Woche:
Gott hat seinem Volk den Ruhetag als Zeit körperlicher,
emotionaler und geistlicher Erfrischung gegeben.

Das Leben ist mehr als Arbeit

Ein Mitglied meiner Gemeinde besitzt ein Taxi, mit dem er auch seinen Lebensunterhalt verdient. Als er meine Frau und mich vor einigen Wochen zum Flughafen fuhr, erkundigte ich mich bei ihm, wie viele Kilometer er seiner Limousine zutrauen würde. Er erzählte mir, dass sein voriger Wagen mehr als 640.000 Kilometer ohne eine einzige Motorreparatur zurückgelegt hatte, und von dem jetzigen Gefährt erwarte er dasselbe.

Ich war sprachlos. „Wie kann ein Auto so viele Kilometer fahren?"

Er antwortete mit einem einzigen Wort: „Wartung."

Wollen Sie optimale Leistung bringen?

Wartung ist nicht nur der Schlüssel zu einer optimalen Fahrzeugleistung. Auch für die optimale Leistung eines Menschen ist sie entscheidend. Und wenn schon ein Autobesitzer eine Gebrauchsanweisung braucht, damit er weiß, welche Dinge in welchen Abständen bei einer Wartung überprüft werden müssen, dann geht es uns ganz genauso. Zum Glück haben wir eine – die Bibel. Einer der vielen Vorteile, die diese Bedienungsanleitung mit sich bringt, ist nämlich eine „Wartungsrichtlinie" – das vierte Gebot –, das uns sagt, wie wir in unserem Leben Höchstleistung bringen können, indem wir einem klug entworfenen Instandhaltungsplan folgen.

Gott beginnt das vierte Gebot mit einer positiven Aussage: „Halte den Ruhetag in Ehren, den siebten Tag der Woche!", und erläutert das mit einer negativ formulierten Aussage, nämlich: „An diesem Tag sollst du nicht arbeiten." Und dann, als ahnte er unsere Einwände gegen diese einfache Anordnung, bringt er uns mit einem Auffrischungskurs zum Thema Schöpfungsordnung zum Schweigen.

1. Mose 1 berichtet davon, dass Gott am ersten Tag das Licht erschaffen hat, das den Tag von der Nacht trennt. Am zweiten Tag erschuf er die Weite des Himmels. Am dritten Tag ließ er das trockene Land erscheinen und bedeckte es mit Vegetation. Am vierten Tag schuf er die Sonne, den Mond und die Sterne. Am fünften und sechsten Tag füllte er die Erde mit Tieren und zum Schluss erschuf er den Menschen. Aus dem Staub der Erde formte er ihn und blies ihm den Odem des Lebens in seine Nase.

Im Laufe von sechs klar definierten Zeiträumen bewegte Gott sich von den grundlegendsten Elementen der Schöpfung zu den komplexesten Kreationen. *Was nun?*, fragen wir uns also. *Was konnte er am siebten Tag noch tun?*

Eine Auszeit nehmen

Das 1. Buch Mose berichtet uns weiter: „Am siebten Tag hatte Gott sein Werk vollendet und ruhte von aller seiner Arbeit aus. Und Gott segnete den siebten Tag und erklärte ihn zu einem heiligen Tag, der ihm gehört, denn an diesem Tag ruhte Gott, nachdem er sein Schöpfungswerk vollbracht hatte" (1. Mose 2,2–3).

Natürlich bedeutet dies nicht, dass Gott nach sechs Tagen harter Arbeit müde und erschöpft war. Vielmehr führte er einen Wartungsplan für die Menschheit ein. Und weil es ihm mit dem Prinzip der Instandhaltung so ernst war, nahm er sich selbst als Vorbild. Er wollte der ganzen Schöpfung ein für alle Mal klarmachen, dass nach sechs Tagen Arbeit eine Pause angesagt ist! Arbeit ist eine gute Sache – aber sie ist nicht alles. Das Leben ist mehr als Arbeit.

Tag 2

Eine notwendige Pause

Gott hat uns bereits vor Tausenden von Jahren gesagt, was Wirtschaftsanalytiker erst vor kurzem festgestellt haben: dass nämlich Arbeitspausen, in vernünftigen Abständen eingelegt und gut genutzt, die Produktivität deutlich steigern. Statistiken belegen, dass die Konzentration nach etwa 40 Stunden Arbeit nachlässt, dass Fehler sich häufen und die Motivation in den Keller geht. Sogar die Gesundheit leidet dann. Ärzte sagen, dass Workaholics (also die Leute, die sieben Tage die Woche arbeiten und Gottes Plan in den Wind schlagen) die Statistiken der berufsbedingten Erkrankungen anführen, zum Beispiel mit hohem Blutdruck und Herzinfarkten. Wenn wir uns weigern, regelmäßig unsere Arbeit ruhen zu lassen, werden wir unweigerlich die verräterischen Zeichen eines Zusammenbruchs erleben.

Gott wusste das schon immer und deshalb hat er von Anfang an eine Arbeitspause in sein System eingebaut – einen eintägigen Miniurlaub sozusagen, in dem unser Körper sich erholen und neue Kraft schöpfen kann.

Auch für Ihre Gefühle!

In unserer technologisch orientierten Gesellschaft erfahren nur noch wenige Menschen die körperliche Belastung in Form von zerschlagenen Muskeln oder schwieliger Haut. Viele erfahren jedoch emotionalen Stress, und zwar als Folge eines Terminkalenders, der mit zu vielen Menschen und zu vielen Anforderungen gefüllt ist. Sie sind die Telefonate, Aktennotizen, Ausdrucke, Sitzungen, Personalgespräche, Seminare, Besprechungen, Formulare, Kreditprüfungen und Abgabetermine leid. Spätestens am Freitagnachmittag um fünf Uhr sind sie in emotionaler Hinsicht am Ende. Sie fangen an, falsche Entscheidungen zu treffen, und setzen damit Gewinne aufs Spiel. Sie sind kurz angebunden und feindselig und setzen damit Beziehungen aufs Spiel. Und ihre Mitmenschen – ob bei der Arbeit oder zu Hause – können sehen, dass sie genau das brauchen, was Gott vorausgesehen hat – eine Pause. Wir müssen vielleicht manchmal Ausnahmen machen, je nachdem, welche Ansprüche unsere Arbeit oder unser Dienst gerade an uns stellt, aber wir sollten diese Ausnahmen nicht leichtfertig machen.

Die Kleinstadt, in der ich aufwuchs, stand unter starkem christlichen Einfluss. Aus diesem Grund war jedes Geschäft, das am Sonntag geöffnet war, bereits dem Untergang geweiht. Die Christen in der Stadt mieden ganz einfach das betreffende Restaurant, den Laden oder das Einkaufszentrum. Innerhalb von sechs Wochen war das Unternehmen pleite, es sei denn, der Besitzer hängte sofort ein „Sonntag Ruhetag"-Schild auf!

Als die Stadt größer wurde und der christliche Einfluss schwand, führte dies zu einer dramatischen Änderung der inoffiziellen Sabbatregel. Heute haben viele Geschäfte sonntags geöffnet. Doch viele Jahre lang hielten die Bewohner dieses Ortes an einem ganz wichtigen Prinzip fest. Sie wussten, dass sie jede Woche einen Tag lang ihre Arbeit niederlegen und sich die Zeit gönnen mussten, körperlich und emotional aufzutanken.

Halten Sie sich in Ihrem Leben auch an dieses Prinzip? Falls nicht: Was nimmt Sie so stark in Beschlag, dass Sie keine Zeit haben, sich zu erholen und Ruhe zu tanken, die Gott Ihnen so klar wünscht? Warum laden Sie sich selbst solche Lasten auf, wenn er Sie doch einlädt, Ihre Lasten abzulegen – zumindest für einen Tag pro Woche?

Tag 3

Die B-Seite: Anbetung

Aber zum Sabbat gehört noch mehr als die Abwesenheit von Arbeit. Es gehört dazu auch die Anwesenheit von Anbetung.

Während der Zeit des Alten Testaments versammelten sich die Israeliten am Sabbat zum Gottesdienst im heiligen Zelt und später bei der Stiftshütte. Auch Jesus ging zur Synagoge in seinem Ort, um „nach seiner Gewohnheit" (Lukas 4,16; Luther) Gott anzubeten. Diese Gottesdiensttradition setzte sich auch in der Urgemeinde fort. Nach der Auferstehung Jesu wurde der Sabbat vom letzten Tag der Woche auf den ersten gelegt. Aber die Verlegung änderte nichts am Sinn und Zweck dieses Tages. Die ersten Christen wussten noch, dass sie am Sabbat aufhören mussten zu arbeiten, weil es nun Zeit war, Gott anzubeten.

Der Verfasser des Hebräerbriefes sagt ganz klar, dass wir die Zusammenkünfte in der Gemeinde nicht versäumen sollen (Hebräer 10,25). Warum hat Gott diesen wöchentlichen Versammlungen so hohe Priorität eingeräumt? Ich glaube, dies hat er getan, weil er wusste, wie sehr wir regelmäßige Korrektur, Herausforderung und Veränderung brauchen.

Wenn ich Sonntagmorgens vor meiner Gemeinde stehe, komme ich mir wie ein Arzt vor, der eine Operation am offenen Herzen durchführt. Diese gute Stunde am Sonntagvormittag ist oftmals der einzige Zeitraum, in dem Menschen ihr Herz für die Wahrheiten von Gottes Wort öffnen. Eine Weile lang lassen sie ihre Schutzmauern fallen, hinter denen sie sich die ganze Woche über versteckt hielten, und ermöglichen es Gott, ihr Herz zu berühren und zu verändern.

Bei einer medizinischen Operation am offenen Herzen steht viel auf dem Spiel – es geht um Leben und Tod. Aber verglichen mit dem, was bei einer geistlichen Operation auf dem

Spiel steht, scheint sie nahezu unbedeutend. Bei der geistlichen Operation am offenen Herzen geht es um ewiges Leben oder ewigen Tod. Manche Menschen fragen mich, warum ich sonntags so leidenschaftlich predige. Ich tue das, weil ich weiß, was auf dem Spiel steht. Wie kann ein Pastor eine Botschaft auf die leichte Schulter nehmen, in der es darum geht, wo die Menschen die Ewigkeit verbringen? Wie kann überhaupt ein Mensch leichtfertig mit ihr umgehen?

Wir alle sollten unsere Arbeit am Sonntag ruhen lassen und uns für eine Operation am offenen Herzen versammeln. Manche Menschen brauchen einen größeren Eingriff. Sie müssen sich mit so wesentlichen Themen wie Sünde und Tod und Ewigkeit auseinandersetzen. Bei anderen sind es eher kleine Korrekturen und Reparaturen. Sie brauchen eine Zeit, in der sie ihre Schuld bekennen und sich neuen Herausforderungen stellen müssen. Aber auf irgendeine Weise brauchen wir alle diese Zeit der Ruhe.

Wir profitieren aber auch persönlich von der wöchentlichen Abwechslung solcher Treffen in der Gemeinde. Einerseits brauchen wir die körperliche Veränderung. Wir müssen das Büro, den LKW, die Schule, die Fabrik, das Geschäft hinter uns lassen – den Ort, an dem wir unsere Arbeit verrichten. Wir brauchen eine neue Umgebung, in der wir andere Personen treffen als sonst.

Außerdem brauchen wir die emotionale Veränderung. Es ist gut, unterschiedliche Sprachmuster und Musikstile zu hören. Wir müssen uns in ein anderes Wertesystem begeben. Wir müssen einfach immer wieder Freude und Kreativität und Bestätigung erleben.

Und natürlich brauchen wir geistliche Veränderung. Wir müssen zu einer Gemeinde gehören, in der man das Wort Gottes glaubt und lehrt, ohne sich dafür rechtfertigen zu müssen. Wir brauchen einen Pastor, der die wichtigen Themen nicht beschönigt oder Wahrheiten gegen persönliche Ansichten oder leere Spekulationen eintauscht. Wir brauchen solide biblische Kost.

Tag 4

Nicht nur rumsitzen

Wenn ich am Sonntagmorgen den Blick über meine Gemeinde schweifen lasse, kann ich manchmal das Wirken des Heiligen Geistes regelrecht spüren. Ich merke, dass Menschen durch Gottes Gnade genährt und herausgefordert werden. Es ist ungeheuer aufregend, das mitzuerleben. Und doch nagt oft eine Frage an mir: *Wie lange wird diese geistliche Mahlzeit vorhalten? Wie lange wird es dauern, bis die stärkende Wirkung nachlässt?*

Ich weiß, dass die meisten Gottesdienstbesucher nach spätestens 24 Stunden wieder an ihren „weltlichen" Arbeitsplatz, in die Schule oder die Nachbarschaft zurückkehren. Es ist sehr wahrscheinlich, dass selbst der stärkste Christ nach drei oder vier Tagen in einem nichtchristlichen Umfeld wieder geistliche Nahrung braucht. Nach sechs oder sieben Tagen kann daran kein Zweifel mehr bestehen. Höchste Zeit, die Energiereserven aufzufüllen und sich geistlich neu auszurichten!

Gott kennt den unvermeidlichen Rhythmus unseres Lebens. Er weiß, dass wir, wenn wir Woche für Woche sieben Tage die Woche arbeiten, anfangen, den wahren Sinn des Lebens aus dem Blick zu verlieren. Wir gelangen dann an einen Punkt, an dem uns nur noch größere Scheunen, noch mehr Vertragsabschlüsse und noch höhere Gewinne interessieren. Dann werden wir körperlich erschöpft und emotional ausgelaugt sein und keinen Zugang mehr zu den geistlichen Wahrheiten haben. Wir sind dann in einem Teufelskreislauf gefangen, der unsere Ehe, unsere Familie, unsere Freundschaften, unsere Gesundheit und sogar unsere moralischen Überzeugungen schwächt.

Aber Gott sagt: „Hey, ich kenne dich, und ich liebe dich, und ich will nicht, dass so etwas mit dir passiert. Also hör auf zu arbeiten! Gönn dir eine Pause. Lade deinen Akku auf!"

Es ist ungeheuer wichtig, dass wir Teil einer Gemeinde sind, in der wir uns wirklich geistlich weiterentwickeln können. Vor kurzem erzählte mir ein Mann, dass er nur zwei Minuten Fußweg von einer Gemeinde entfernt wohnte, in die er jeden Sonntag zweimal ging, aber trotzdem fühlte er sich geistlich unterernährt. Jetzt fährt er eine Dreiviertelstunde zu einer anderen Gemeinde. Dort bleibt sein Glaube lebendig und wächst und er ist voller Begeisterung! Für ihn war die 45-minütige Autofahrt der Schlüssel zu seinem Glaubensleben. Sie führte ihn von einer Gemeinde, die seine geistlichen Bedürfnisse nicht stillen konnte, zu einer anderen Gemeinde, die es tat.

Wie steht es mit Ihnen? Gehen Sie in eine Gemeinde, die Ihre geistlichen Reserven auftankt? Ich sage den Mitgliedern meiner Gemeinde oft, dass sie woandershin gehen sollen, wenn sie in unserer Gemeinde nicht die geistliche Nahrung bekommen, die sie brauchen. Wenn Sie Ihre Leiter nicht achten, wenn Sie die Lehre nicht verstehen, oder wenn es für Sie keinen Ort gibt, an dem Sie sich einbringen können, sollten Sie eine passendere Gemeinde finden.

Vor einigen Jahren war ich geistlicher Betreuer der *Chicago Bears*, dem Footballteam unserer Stadt. Gelegentlich erzählten mir Spieler, die auf der Reservebank saßen, von ihrer Enttäuschung darüber, dass sie nicht spielen durften. Sie offenbarten sogar, dass sie am liebsten ihren Trainer am Kragen packen und sagen würden: „Hey, wenn ich nicht spielen soll, sag es mir einfach! Dann kann ich zu einer Mannschaft wechseln, die mich spielen lässt. Ich will etwas bewegen. Ich will meine Fähigkeiten einsetzen!"

Die meisten von uns fühlen sich wahrscheinlich wie diese Footballspieler. Wir wollen etwas beisteuern. Wir wollen arbeiten. Wir wollen bei der Startaufstellung der Mannschaft mit dabei sein. Die gute Nachricht ist, dass wir in einer gut funktionierenden Gemeinde all das können – und sollen. Wenn das in Ihrer Kirche oder Gemeinde nicht der Fall ist, sollten Sie vielleicht eine Gemeinde finden, in der Sie mehr Gelegenheit haben zu dienen.

Tag 5

Genießen – und nie alleine dastehen

Jesus sagt uns, dass der Sabbat zum Wohl des Menschen eingerichtet wurde, und nicht der Mensch für den Sabbat (Markus 2,27). Meine Umschreibung dieses Bibelverses würde lauten: „Genießt den Ruhetag! Dafür ist er schließlich da. Hört auf zu arbeiten und fangt an, Gott anzubeten, und dann ... genießt es einfach!"

In der Kirche, in der ich aufwuchs, gab es eine lange Liste mit Dingen, die man am Tag des Herrn nicht tun durfte. Die Einschränkungen entstammten zweifellos dem ernsthaften Wunsch, Gott die Ehre zu geben, aber ich glaube nicht, dass diese starren Gebote und Verbote das waren, was Gott im Auge hatte, als er uns dieses Gebot gab. Vielmehr glaube ich, dass das, was wir am Sonntag tun, unserer körperlichen, emotionalen und geistlichen Stärkung dienen sollte, und zwar in einer Art und Weise, die uns persönlich anspricht.

Wenn ich am Sonntag zweimal gepredigt habe, gehe ich erschöpft nach Hause. Dann genieße ich nichts mehr als ein einfaches Essen mit meiner Familie, eine dicke Ausgabe der *Chicago Tribune* und ein Spiel der *Chicago Bears* im Fernsehen. Und wenn dann meine Kinder in der Nähe spielen und meine Frau es sich mit einem guten Buch auf einem Sessel bequem gemacht hat, dann ist das Bild perfekt. Während des letzten Viertels schlafe ich gewöhnlich ein und wache gerade rechtzeitig wieder auf, um noch eine Kleinigkeit zu essen, bevor ich die Teilnehmer meines Jüngerschaftskurses willkommen heiße. In den nächsten beiden Stunden lesen wir in der Bibel, lernen Verse auswendig, geben einander Einblick in unsere persönlichen Bedürfnisse und beten und lachen und weinen gemeinsam.

Wenn ich dann am Sonntagabend schlafen gehe, kommt es mir so vor, als hätte ich ein Stück Himmel erlebt. Mein Körper, mein Geist und meine Seele sind entspannt und ich freue mich auf die kommende Woche.

Vielleicht sieht Ihre Vorstellung von einem „perfekten" Sabbat ganz anders aus als meine. Vielleicht machen Sie gerne einen Spaziergang, fahren Fahrrad, spielen etwas zusammen, machen ein Picknick, treffen sich mit Freunden oder tun etwas anderes von den tausend Dingen, die man tun kann. Aber was auch immer wir machen – es ist wunderbar zu wissen, dass wir als Teil von Gottes Familie die Freiheit dazu haben.

Ja, Gott möchte, dass wir den Sabbat ehren, indem wir die Arbeit ruhen lassen, uns auf seine Anbetung konzentrieren und Dinge tun, die zu unserer körperlichen, emotionalen und geistlichen Erneuerung beitragen. Klingt das für Sie nach einer Last?

Gott verlangt so wenig von uns und gibt im Gegenzug so viel! Warum sollten Sie ihn am Sabbat nicht ehren? Warum passen Sie Ihren Lebensstil nicht seinem göttlichen Plan an? Sie haben nichts zu verlieren – aber eine Menge zu gewinnen!

Vierte Woche

Standortbestimmung

Nehmen Sie sich am Ende dieser Woche etwas Zeit, um darüber nachzudenken, in welcher Weise diese Andachten Sie angesprochen haben. Welche geistlichen Erkenntnisse haben Sie beispielsweise gewonnen? Welche praktischen Umsetzungsmöglichkeiten sind Ihnen eingefallen? Wie werden sich Ihre Einstellung bzw. Ihr Verhalten aufgrund dessen wahrscheinlich verändern?

Nutzen Sie Ihre Antworten als „Aufhänger" für ein geistliches Tagebuch oder als Themen für Ihre Gebetszeiten. Auf diese Weise können Sie Ihr geistliches Wachstum festhalten, während Gottes Wille in Ihrem Leben Gestalt annimmt.

Kurz nachgedacht

1. Lesen Sie Markus 2,27 und Hebräer 4,9–11. Was ist diesen Versen zufolge der Sinn und Zweck des Sabbats?
2. Lesen Sie 1. Mose 2,1–3, 2. Mose 23,12 und Jesaja 58,13–14. Denken Sie – ausgehend von dem, was diese Beispielverse uns lehren – darüber nach, welche Prinzipien Sie dabei leiten sollten, wenn Sie die Aktivitäten planen, die Sie an Ihrem Ruhetag machen wollen.
3. Manchmal ist es einfacher, materielle Gegenstände wie ein Auto oder ein Haus instand zu halten, als Dinge, die weniger messbar sind, wie zum Beispiel uns selbst oder unsere Beziehungen. Wie würden Sie sich selbst einschätzen, was Ihre persönliche „Wartung" betrifft? (Bedenken Sie dabei auch Ihre Ernährung, sportliche Betätigung, Freundschaften usw.) Was geschieht mit Ihnen, wenn Sie sich nicht regelmäßig eine Auszeit gönnen?

4. Lesen Sie 2. Mose 20,8–11. Gott erläutert das vierte Gebot, weil er will, dass wir uns über unser Bedürfnis nach Erholung ganz im Klaren sind. Warum brauchen wir das Gebot, dass wir ausruhen sollen?

5. Inwiefern sorgen Sie dafür, dass der gemeinsame Gottesdienst mit anderen Christen zu einem festen Bestandteil Ihres Ruhetags wird? Wie würden Sie Ihre persönliche Zeit der Anbetung während dieser Zeiten gerne verbessern?

Für das persönliche Gebet

- Lesen Sie 2. Mose 20,8–11 und denken Sie im Gebet darüber nach. Danken Sie Gott dafür, dass er weiß, wir sind schwache und abhängige Geschöpfe, und dass er unsere körperlichen Grenzen berücksichtigt hat, als er uns befahl, uns regelmäßig auszuruhen und uns erfrischen zu lassen, indem wir ihn anbeten.

- Bitten Sie den Heiligen Geist, Sie zu befähigen, ein ausgewogenes Leben zu führen – ein Leben, das vom Gehorsam gegenüber der Arbeit und auch der Erholung geprägt ist.

- Nehmen Sie kritisch unter die Lupe, wie Sie selbst mit dem Gebot regelmäßiger Auszeiten umgehen. Erstellen Sie eine Liste besonderer Dinge, mit denen Sie Ihren Sabbat erholsamer und mehr zum Lob Gottes gestalten können. Fangen Sie in dieser Woche an, diese Ideen in die Tat umzusetzen. Halten Sie in Ihrem Gebetstagebuch fest, welche Auswirkung diese neuen Prioritäten in Bezug auf Ihre Fähigkeit haben, Gott und Ihre Mitmenschen zu lieben.

Meine persönlichen Erkenntnisse ...

Schließ den Kreis der Liebe!

„Du sollst deinen Vater und deine Mutter ehren.
Dann wirst du lange in dem Land leben,
das dir der Herr, dein Gott, gibt."
2. Mose 20,12

Das Thema dieser Woche:
Gottes Gebote umfassen auch die richtige Gestaltung
familiärer Beziehungen.

Liebe zu Gott und den Menschen

Erst nachdem er unsere Beziehung zu ihm selbst ausführlich geklärt hat, macht Gott mit dem fünften Gebot den nächsten Schritt und spricht unsere Beziehung zu anderen Menschen an. Er weiß, dass wir mit ihm im Reinen sein müssen und unter der Leitung des Heiligen Geistes stehen müssen, bevor wir hoffen dürfen, befriedigende Beziehungen zu anderen aufzubauen.

Gelegentlich kommen Nichtchristen zu mir und lassen sich von mir beraten, weil sie ihre familiären Beziehungen endlich „auf die Reihe kriegen" wollen. Sie sind enttäuscht, weil ihre Versuche, den anderen Familienmitgliedern liebevoller zu begegnen, in der Regel zum Scheitern verurteilt sind. Es gelingt ihnen nicht, vergangene Verletzungen zu verzeihen. Es gelingt ihnen nicht, über nervige Angewohnheiten hinwegzusehen. Es gelingt ihnen nicht, einen Menschen zu lieben, der „nicht liebenswert" zu sein scheint. Sie scheinen einfach nicht das Zeug dazu zu haben. Sie schaffen es nicht von sich aus.

Ich sage diesen Menschen dasselbe, was ich auch mir selbst an jedem Tag meines Lebens sage: „Natürlich schaffst du es nicht allein. Du brauchst eine Liebe, die du nicht selbst bewirken kannst – und eine geduldige, vergebungsbereite Haltung, die du nicht selbst aufbringen kannst. Du brauchst ein neues Herz."

Vor nicht allzu langer Zeit musste einer meiner Bekannten einen seiner wichtigsten Mitarbeiter entlassen. „Vor fünf Jahren, als ich noch kein Christ war, wäre mir das leichtgefallen", erklärte er mir. „Ich hätte dem Mann die Kündigung geschickt und gesagt: ‚Tut mir leid, aber Sie haben Ihre Arbeit nicht zufriedenstellend erledigt.' Kurz, einfach und geradeheraus. Diesmal habe ich mich mit der Entscheidung fürchterlich schwer getan. Als mir klar wurde, dass der Mann seinen Aufgaben nicht gerecht werden konnte, begann ich darüber zu beten. Ich versuchte sogar, seine Stellenbeschreibung zu ändern. Aber es hat einfach nicht funktioniert. Ich wusste, dass er gehen musste. Also flog ich in die Stadt, in der er sein Büro hatte, und sprach persönlich mit ihm. Ich nannte ihm meine Gründe und versprach, ihm bei der Suche nach einer anderen Arbeitsstelle zu helfen.

Es war einfach, Leute zu feuern, solange sie mir gleichgültig waren. Aber jetzt, wo ich Gott kennengelernt habe, sind mir Menschen und Beziehungen sehr wichtig. Ich will andere nicht benutzen oder verletzen oder ihre Bedürfnisse auf die leichte Schulter nehmen. Ich will sie lieben und ermutigen."

So sollte im Grunde jeder Christ empfinden. Während sich unsere Beziehung zu Gott vertieft, sollten wir spüren, dass sich unsere Einstellung zu anderen Menschen grundlegend verändert. Menschen sollten uns wichtiger werden. Wir sollten ein Gespür für ihre Bedürfnisse, Sehnsüchte und Verletzungen entwickeln.

Und wissen Sie was? Eltern sind auch Menschen.

Kinder, die noch zu Hause bei ihren Eltern leben, sollten diese ehren, indem sie sich gerne fügen, ihre Eltern achten und ihrer Wertschätzung Ausdruck verleihen. Kinder, die nicht mehr im elterlichen Haushalt leben, sollten sich vergewissern, dass den grundlegenden Bedürfnisse ihrer Eltern Rechnung getragen wird, sie sollten sie in Unternehmungen einbeziehen und ihnen immer wieder zeigen, wie sehr sie sie lieben.

Unser Lohn für die Befolgung des fünften Gebots wird ein liebevolles und harmonisches Familienleben sein – und das ist wirklich ein Segen! Wenn unsere Beziehung zu Gott stimmt und die Beziehung zu unseren Eltern ebenfalls, sind die wichtigsten Beziehungen in unserem Leben in Ordnung. Und dann haben wir auch die Freiheit, gute Beziehungen zum Rest der Welt zu gestalten.

Tag 2

Das Wichtigste zuerst

Welche Beziehung birgt mehr Potenzial sowohl für Liebe als auch für Hass, für Freude wie auch für Leid, als die Eltern-Kind-Beziehung?

Die meisten Experten sind sich einig, dass die Familie die Geburtsstätte des Selbstwertgefühls ist. In der Familie lernen Kinder, was sie als Menschen wert sind. Sie probieren ihre Vorlieben, ihre Fähigkeiten und ihren Verstand aus. Sie lernen, mit anderen in Beziehung zu treten. Und sie haben die Gelegenheit, sich selbst durch die Augen anderer Menschen zu sehen. Während sie all das tun, entwickeln sie auf der Grundlage dessen, wie sie im Rahmen der Familie behandelt werden, ein Bild ihrer selbst – entweder ein negatives oder ein positives. Werden sie angenommen, ermutigt und gelobt? Oder werden sie ignoriert und kritisiert und setzt man sie herab? Ihr Selbstwertgefühl wird wahrscheinlich die Antwort auf diese Fragen liefern.

Eine gut funktionierende Familie ist auch der Ort, an dem Respekt vor Autorität erworben wird. In der Familie lernen Kinder, dass es bestimmte Grenzen gibt, dass bestimmte Erwartungen erfüllt werden müssen und dass man bestimmten Personen gehorchen muss. Wie ein Kind zu Hause Autorität erlebt, entscheidet darüber, wie es sich Lehrern, Trainern, Arbeitgebern, Beamten und letzten Endes auch Gott gegenüber verhält.

Und schließlich ist die Familie der Ort, an dem Werte vermittelt werden. Wenn das Kind das Teenageralter erreicht hat, weiß es, was seinen Eltern am wichtigsten ist. Es weiß, ob die entscheidenden Werte im Leben Erfolg im Beruf, Vergnügen oder Geld sind – oder ob der zentrale Wert die Beziehung zu und der Gehorsam gegenüber Jesus Christus ist. Und die

Chancen stehen gut, dass der Teenager dieselben Werte auch als Erwachsener beibehält.

Es ist offensichtlich, dass einige sehr wichtige Eier im Korb der Familie ausgebrütet werden. Deshalb redet Gott in der Bibel so oft von Familie. Viele Verse in den Psalmen, Sprüchen und Briefen ermahnen Eltern, eine positive, gottgefällige familiäre Umgebung zu schaffen. Andere Stellen, darunter auch das fünfte Gebot, drehen den Spieß um und ermahnen die Kinder, ihren Teil beizutragen, um die gottgefällige Familienstruktur zu unterstützen. Während Eltern die Aufgabe haben, liebevolle, freigebige, gewissenhafte Autoritätspersonen zu sein, ist es die Pflicht der Kinder, ihre Eltern auf eine Weise zu ehren, dass Gott dadurch verherrlicht wird.

Ich habe den Verdacht, dass Gott das fünfte Gebot erlassen hat, weil er wusste, wie schnell es passieren kann, dass wir unseren Eltern gegenüber eine respektlose Haltung einnehmen. Als Kinder finden wir, dass unsere Eltern keinen „blassen Schimmer" haben, worum es im Leben überhaupt geht, und dass sie „hinterm Mond" leben. Als junge Erwachsene werden wir von den Pflichten in Beruf und Ehe ganz in Anspruch genommen. Und wenn wir mittleren Alters sind, betrachten wir die Bedürfnisse unserer alternden Eltern als Last, die unsere hart erarbeitete Freiheit beeinträchtigt.

Dieses Gebot macht jedoch deutlich, dass wir, wenn wir eine gute Beziehung zu Gott haben wollen, eine gute Beziehung zu unseren Eltern pflegen müssen. Wir müssen sie so ehren, wie Gott es uns gebietet, gleichgültig, ob wir jünger sind und noch bei den Eltern leben oder älter und unsere eigene Familie haben. Was können Sie als besten Beweis dafür vorbringen, dass Sie Ihre Eltern ehren?

Tag 3

Im Elternhaus

Stellen Sie sich eine Familie vor – bestehend aus Vater, Mutter und Kind –, die einen Ausflug machen will. Der fünfjährige Johannes steht auf der Rückbank des Wagens und wartet gespannt darauf, dass es losgeht. Dann fordert der Vater Johannes auf, sich in den Kindersitz zu setzen und sich anzuschnallen.

„Ich *will* aber nicht", erwidert Johannes mit ungewohnter Heftigkeit.

„Vielleicht hast du mich nicht verstanden, mein Sohn", sagt der Vater. „Beim Autofahren kann viel passieren, und ich will, dass du dich hinsetzt und den Sicherheitsgurt anlegst."

Wieder weigert Johannes sich. „Nein, ich will aber nicht! Und ich tu's nicht."

An dieser Stelle greift die Mutter des Jungen ein und zieht Johannes in den Kindersitz. „Was dein Vater meint, ist: Entweder du setzt dich hin und schnallst dich an oder du kriegst richtig Ärger."

Johannes hat begriffen, dass es klüger ist, sich anzuschnallen. Aber während er es tut, wirft er seinem Vater einen finsteren Blick zu und murmelt: „Äußerlich setze ich mich, aber innerlich stehe ich!"

Johannes hat sich dem Befehl seiner Eltern gefügt, aber er hat es in einem Zustand innerer Rebellion getan. Das ist nicht gemeint, wenn es darum geht, Vater und Mutter zu ehren.

Als meine Kinder Shauna und Todd noch klein waren und ich von der Arbeit nach Hause kam, sah es im Wohnzimmer oft aus, als hätte eine Bombe eingeschlagen. Überall lag Spielzeug verstreut und so berief ich gleich eine spontane Sitzung mit meinen Kindern ein.

„Todd, Shauna", erklärte ich dann, „ich glaube, wir haben hier ein kleines Problem. Für ein solches Durcheinander gibt es keine Entschuldigung. Ich möchte, dass ihr euer Spielzeug aufsammelt und im Schrank verstaut, und zwar ordentlich."

Ich machte mir keine Gedanken darüber, ob die Kinder die Sachen aufräumen würden. Ich wusste, dass sie es tun würden. Ich machte mir jedoch Gedanken über die innere Einstellung, mit der sie die Aufgaben verrichteten. Manchmal hob Todd einen kleinen Spielzeuglaster auf, ging damit zum Schrank und warf ihn mit voller Wucht in die Spielzeugkiste, dass es nur so krachte. Dabei ging dann schon mal das eine oder andere Plastikspielzeug in der Kiste zu Bruch – und mir war bewusst, dass es an der Zeit war für ein weiteres Vater-Sohn-Gespräch.

Paulus schrieb im Brief an die Philipper, dass wir „das alles ohne Murren und langes Hin- und Herreden" tun sollen (Philipper 2,14). Gottgefälliger Gehorsam ist mehr als äußerliches Einwilligen, während wir innerlich grollen. Wenn Gott uns sagt, dass wir gehorsam sein sollen, erwartet er von uns, dass wir es in einer Haltung der Bereitschaft und Zusammenarbeit tun. Wenn Sie noch bei Ihren Eltern leben, sollten Sie sich diesen Vers bitte zu Herzen nehmen. Gehorchen Sie Gott und dem fünften Gebot, indem Sie freudig die Bitten Ihrer Eltern erfüllen. Ein murrender Geist wirft dunkle Schatten über die häusliche Atmosphäre, während gutmütiger Gehorsam der sicherste Weg ist, um Spannungen abzubauen und die Harmonie zu fördern.

Tag 4

Zeigen Sie Ihre Wertschätzung!

Eine Möglichkeit, wie wir unsere Eltern ehren können, besteht darin, wertzuschätzen, was sie für uns getan haben. Die meisten von uns können wohl sagen, dass unsere Eltern mehr in uns investiert haben als jeder andere Mensch. Bis vor 20 Jahren war mir das noch nicht klar. Die Erfahrung, selbst Vater zu sein, hat mich einige wertvolle Lektionen gelehrt.

Als meine Frau mit unserem ersten Kind schwanger wurde, hatte sie keine Ahnung, was auf sie zukommen würde. Sie wusste nicht, dass sie die nächsten neun Monate Mühe haben würde, ihr Mittagessen bei sich zu behalten. Sie wusste nicht, dass das Wunder der Geburt, das aber zugleich auch ein Trauma ist, solche Ängste in ihr wecken würde. Sie wusste nicht, dass nächtliches Stillen, volle Windeln und über den Haufen geworfene Pläne so überwältigend sein würden.

Und ich hatte genauso wenig Ahnung, wie drastisch Kinder unseren Lebensstil verändern würden. Oder wie schwierig es sein würde, die Bedürfnisse meiner Familie und die der Gemeinde unter einen Hut zu bringen. Oder welche Herausforderung die Vaterrolle darstellen würde.

Man schätzt, dass es Eltern im Durchschnitt mehrere Hunderttausend Euro kostet, ein Kind 18 Jahre lang großzuziehen. Aber die finanzielle Investition ist nichts im Vergleich zu der Menge an Zeit, Sorgen, Gebet und Organisation, die die meisten Eltern in die Erziehung ihrer Kinder investieren. Meine Frau und ich haben in den Entwicklungsjahren unserer Kinder mehr über sie gesprochen als über jedes andere Thema. Wie können wir ihren Bedürfnissen am besten gerecht werden? Wie können wir ihren Verstand fordern? Wie ihr Selbstwertgefühl stärken? Wie können wir ihnen helfen, ihre Stärken und Fähigkeiten zu entwickeln?

Eltern müssen sich mit diesen und anderen Fragen auseinandersetzen. Weil wir nicht vollkommen sind, machen wir Fehler und bereuen es. Aber Tatsache ist, dass wir eine ungeheure Investition in das Leben unserer Kinder leisten. Unsere Liebe zu ihnen erfordert das.

Wie können Sie Vater und Mutter zutiefst betrüben? Indem Sie keine Wertschätzung für das zeigen, was Ihre Eltern für Sie getan haben. Indem Sie immer nur nehmen, nehmen, nehmen, ohne jemals „danke" zu sagen – ohne jemals Ihrer Dankbarkeit Ausdruck zu verleihen.

Und wie können Sie andererseits Ihren Eltern am besten eine Freude machen? Indem Sie sich als dankbar erweisen. Dabei braucht man gar nicht so dick aufzutragen. Auch Kinder können es ganz einfach tun, indem sie zum Beispiel sagen: „Danke, dass du das Essen gekocht hast. Es hat toll geschmeckt." Oder: „Ich weiß es zu schätzen, dass du meine Wäsche wäschst." Oder: „Es ist lieb von dir, dass du mich von der Schule abholst."

Wenn meine Kinder mir für einfache Dinge danken, hat das eine ungeheure Wirkung auf meine Einstellung zum Elterndasein. Es motiviert mich, noch mehr in sie zu investieren. Genauso ist es, wenn sie mir gehorchen, ohne zu widersprechen, oder mir Respekt entgegenbringen. Wenn sie mich ehren, helfen sie mir, ihnen der bestmögliche Vater zu sein.

Wenn Ihre Eltern noch am Leben sind, haben Sie jeden Tag unzählige Gelegenheiten, ihnen Gehorsam, Respekt und Wertschätzung entgegenzubringen. Warum nicht diese Tatsache nutzen? Ihre Eltern werden davon profitieren – und Sie auch.

Tag 5

Fürsorge ein Leben lang

Manche Menschen glauben, dass das fünfte Gebot nur für Kinder gälte, die noch bei ihren Eltern leben. Ich hingegen bin überzeugt, dass es für alle Menschen gilt. Auch wenn wir zu Hause ausgezogen sind und auf eigenen Füßen stehen, ja selbst, wenn wir eine eigene Familie gegründet haben, sind wir immer noch aufgefordert, unsere Eltern zu ehren.

Im Leben einer Familie ist ein wunderbarer Kreislauf zu erkennen. Wenn ein Kind in eine Familie hineingeboren wird, ist es völlig von seinen Eltern abhängig. Wenn es größer wird, gewinnt es an Selbstständigkeit, bis es eines Tages bereit ist, das Elternhaus zu verlassen und einen eigenen Hausstand zu gründen. Damit folgt es dem gottgewollten Pfad der Reife.

Seine Eltern sind derweil einem anderen Weg gefolgt, der auch von Gott so vorgegeben wurde – einem Pfad, der sie von der Vitalität der Jugend und der Sicherheit der mittleren Lebensjahre zur Verletzlichkeit des Alters geführt hat. In dieser letzten Phase werden sie abhängig von den Kindern, die sie großgezogen haben, und damit schließt sich der Kreis.

Ich selbst habe diese Entwicklung besonders eindrücklich in der Familie meiner Frau miterlebt. Mehrere Jahre lang hat Lynnes Mutter ihre eigene pflegebedürftige Mutter zu Hause versorgt. Lynne und ich haben oft Pläne mit Lynnes Eltern geschmiedet, die dann von den Bedürfnissen der Großmutter durchkreuzt wurden. Und Lynnes Vater musste im Laufe der Jahre mehrere Veränderungen seines Lebensstils in Kauf nehmen, um Platz für seine alternde Schwiegermutter zu schaffen.

Verglichen mit der Behandlung, die den meisten alten Eltern von unserer Gesellschaft zuteil wird, hatte Lynnes Großmutter es ausgesprochen gut. Aber noch erstaunlicher ist, dass ihre Familie ihr ohne die geringsten Klagen oder Verbitterung half.

Als Lynne und ihr Bruder noch Kinder waren, empfanden sie es als Privileg, dass sie ihre Großmutter die ganze Zeit bei sich hatten. Sie hielten sich für die glücklichsten Kinder in der ganzen Nachbarschaft. Sie genossen die besondere Beziehung zu ihr. Lynnes Mutter fand es ganz normal, ein liebevolles und herzliches Zuhause für die Frau zu schaffen, die viele Jahre zuvor dasselbe für sie getan hatte. Das war für mich ein großes Zeugnis der Liebe!

Auch im Leben Jesu kann man diese Art liebevoller Fürsorge sehen. Selbst in der Zeit größter Not wandte er seine Aufmerksamkeit seiner Mutter zu. Stellen Sie sich vor, wie er am Kreuz hängt, nackt zwischen Himmel und Erde, mit der Last unserer Sünde auf seinen Schultern. Einen Augenblick lang öffnet Jesus die Augen und sieht seine Mutter. Er weiß, wie sehr sie die Unterstützung ihres ältesten Sohnes vermissen wird, deshalb bittet er Johannes, sich um sie zu kümmern – als sei sie seine Mutter. Johannes versteht ganz offensichtlich, was sein Herr meinte, denn wie die Bibel uns sagt, „nahm der Jünger sie bei sich auf" (Johannes 19,27).

Oft entschuldigen wir unsere mangelnde Fürsorge für unsere Eltern damit, dass wir nicht genug Zeit hätten. Aber selbst Jesus nahm sich die Zeit, um sicherzustellen, dass seine Mutter gut versorgt war, und wir sollten seinem Vorbild auch in diesem Bereich folgen.

Fünfte Woche

Standortbestimmung

Nehmen Sie sich am Ende dieser Woche etwas Zeit, um darüber nachzudenken, in welcher Weise diese Andachten Sie angesprochen haben. Welche geistlichen Erkenntnisse haben Sie beispielsweise gewonnen? Welche praktischen Umsetzungsmöglichkeiten sind Ihnen eingefallen? Wie werden sich Ihre Einstellung bzw. Ihr Verhalten aufgrund dessen wahrscheinlich verändern?

Nutzen Sie Ihre Antworten als „Aufhänger" für ein geistliches Tagebuch oder als Themen für Ihre Gebetszeiten. Auf diese Weise können Sie Ihr geistliches Wachstum festhalten, während Gottes Wille in Ihrem Leben Gestalt annimmt.

Kurz nachgedacht

1. Wie haben Ihre Eltern einander (entweder auf positive oder auf negative Weise) gezeigt, was es bedeutet, „jemanden zu ehren"? Welche Folgen hatte dieses Vorbild für Ihr Verständnis dieses Begriffes?
2. Lesen Sie 2. Mose 20,12. Was bedeutet es Ihrer Meinung nach, Vater und Mutter zu ehren? Was glauben Sie, warum dieses Gebot das erste von den Geboten ist, die unsere Beziehung zu anderen Menschen betreffen?
3. Lesen Sie Matthäus 15,3–9. Jesus macht deutlich, dass wahre Liebe zu Gott sich darin zeigt, wie wir andere Menschen behandeln – in diesem Fall unsere Eltern. Inwiefern befolgten die Pharisäer das fünfte Gebot nicht richtig? Nennen Sie mögliche Verhaltensweisen, mit denen wir unsere Eltern nicht ehren würden!

4. Manche Menschen glauben, dieses Gebot bedeute, dass Kinder (gleichgültig, wie alt sie sind) alles tun müssen, was ihre Eltern sagen. Was denken Sie? Ist „ehren" dasselbe wie „gehorchen"? Erläutern Sie Ihre Ansicht.
5. Wenn ein Elternteil oder beide nicht gläubig sind, wie können Sie dann christliche Liebe zu ihnen durch Worte und Taten zum Ausdruck bringen?

Für das persönliche Gebet

- Beten Sie für das geistliche und körperliche Wohl Ihrer Eltern.
- Bekennen Sie (ohne Ausreden zu finden), wo Sie durch nachlässiges Verhalten oder Ihre Gedanken Gottes Gebot, Ihre Eltern zu ehren, nicht befolgt haben.
- Bitten Sie den Heiligen Geist um Weisheit und Einfühlungsvermögen, damit Sie erkennen, wie Sie Ihre Eltern noch mehr und wahrhaftiger ehren können. Zum Beispiel: Listen Sie die Dinge auf, die Sie tun können, um Ihren Eltern auf eine Art und Weise Ehre zu erweisen, die ihnen etwas bedeutet. Das können einmalige Aktivitäten oder wiederkehrende Dinge sein. Fassen Sie den Entschluss, in den nächsten Monaten mehrere Punkte von Ihrer Liste in die Tat umzusetzen.

Meine persönlichen Erkenntnisse ...

Vernichte den Mörder in dir!

„Du sollst nicht morden."
2. Mose 20,13

Das Thema dieser Woche:
Im sechsten Gebot geht es um die Wurzel eines Geistes der Gewalt und all seiner Ausprägungen.

Tag 1

Wir haben nicht das Recht

Ich erinnere mich noch gut daran, wie ich zum ersten Mal von einem „Mord in Chicago-Manier" hörte. Als ich in einer Zeitung von der Ostküste las, stieß ich auf Schlagzeilen, die einen grausamen Unterweltmord meldeten. In einem der Artikel war von einem Zuschlagen „nach Chicagoer Art" die Rede.

Die schöne Stadt am Lake Michigan hat sich diesen Ruf zum ersten Mal während der Ära von Al Capone in den 1920er und 30er Jahren des 20. Jahrhunderts erworben. Aber seither haben die verschiedenen Vertreter der Unterwelt ihn gewissenhaft aufrechterhalten und weitergeführt. Chicago ist immer noch Welthauptstadt der Auftragskiller, und seine Bürger schreiben noch immer Schlagzeilen, indem sie einander Schusswunden zufügen, Leichen in Kofferräumen verstecken und „Zementschuhe" gießen, um dafür zu sorgen, dass alte Freunde einen Platz auf dem Grunde des Chicago River bekommen und auch dort bleiben.

Aber wir alle wissen, dass es ungerecht wäre, mit dem anklagenden Finger nur auf Chicago zu zeigen. Morde in Chicago-Manier sind nichts Neues und ganz sicher nicht auf diese eine Stadt beschränkt. Seit Menschengedenken haben Männer und Frauen Steine, Messer, Äxte, Schwerter und Speere gegen ihre Nächsten erhoben. Ob sie nun von Wut, Hass, Habgier, Angst oder Eifersucht getrieben waren – das Ergebnis war oftmals das Gleiche: Mord.

Der erste Mord, von dem in der Bibel berichtet wird, findet sich in 1. Mose 4. In einem Anfall von Zorn und Neid erschlug Adams erstgeborener Sohn Kain seinen Bruder Abel. Stellen Sie sich diese furchtbare Szene vor: Bis zu diesem Zeitpunkt hatte noch kein Lebewesen jemals den schrecklichen Anblick eines menschlichen Todes miterlebt. Und doch lag vor Adam und Eva nun der kalte, leblose Leichnam ihres zweiten Sohnes – Fleisch von ihrem Fleisch und Bein von ihrem Bein.

Versuchen Sie doch einmal, sich vorzustellen, welche Fragen ihnen durch den Kopf geschossen sein müssen: *Kain, wie konntest du nur! Wie konntest du es wagen? Woher nimmst du dir das Recht zu entscheiden, dass Abel sterben muss? Du bist doch nicht Gott!*

Solche Gedanken offenbaren, warum Mord ein so schreckliches Verbrechen ist. *Gott* erschafft und erhält Männer und Frauen, und *er allein* hat das Recht zu entscheiden, wann ihre Tage gezählt sind. Wenn Menschen das Recht Gottes an sich reißen, über Leben und Tod zu entscheiden, begehen sie ein unaussprechliches Verbrechen gegen Gott, das Opfer und die Gesellschaft. Das sechste Gebot besagt, dass niemand außer Gott das Recht hat, den Todeszeitpunkt eines Menschen festzusetzen.

Ich zweifle nicht daran, dass sich dieses Gesetz auch auf Selbstmord und Abtreibung bezieht, ebenso wie auf willkürliche Gewaltakte ohne Todesfolge. In diesen Tagen ist Kindesmissbrauch zum Albtraum unserer Gesellschaft geworden und misshandelte Ehefrauen belegen Notrufleitungen und Frauenhäuser. Statistiken besagen, dass noch nie so viele Menschen in persönlichen „Folterkammern" gelebt haben wie heute und die Gewalt von einer Generation zur nächsten weitergegeben wird. Kann es da noch irgendeinen Zweifel geben, dass wir ein Gewaltverbot brauchen? Wie wollen Sie selbst im kommenden Jahr dazu beitragen, allen Formen von Gewalt Einhalt zu gebieten?

Tag 2

Andere Menschen, andere Sitten

Selbst Profisportler wenden oft ohne besonderen Grund besonders viel Gewalt an. Oder welchen Grund könnte es geben, dass ein Boxer das Gesicht seines Gegners zu Brei schlägt und dann triumphierend sagt: „Ich wollte ihn fertig machen!"? Aber oft lässt uns dies auch noch kalt. Und wenn es dann auf dem Fußballfeld zu einer Rangelei zwischen Mannschaften oder Fans kommt, sehen wir uns in der „Sportschau" die Szenen auch noch genüsslich an.

Spät abends, nach den Nachrichten, lassen wir uns von den realistisch erzählten Krimis oder Horrorfilmen gruseln, und mit jedem Kinobesuch fördern wir eine Filmindustrie, die zur Unterhaltung Gewalt produziert.

Währenddessen verweist Gott uns auf das sechste Gebot und sagt: „Begreift ihr denn nicht? Ich habe einen viel besseren Plan! Ich will nicht, dass Männer mit einer Pistole unterm Kopfkissen schlafen. Ich will nicht, dass Frauen Pfefferspray in der Handtasche tragen. Ich will nicht, dass jede Haustür dreifach verriegelt ist. Menschen sollen nicht so leben müssen. Also bringt euch nicht gegenseitig um! Missbraucht einander nicht, und duldet keine Gewalt. Bitte, bitte, bitte – haltet das sechste Gebot!"

Es gibt mehr als eine Methode, jemanden umzubringen

Auf den ersten Blick scheint es, als sei das sechste Gebot von allen Geboten am einfachsten zu befolgen. Die meisten von uns haben noch nie jemanden ermordet und haben es mit Sicherheit auch nicht vor. Warum also Zeit mit diesem Thema verschwenden? Warum gehen wir nicht einfach zu Gebot Nummer sieben über?

Bevor wir beschließen, dass wir dieses Gebot auslassen können, sollten wir vielleicht hören, was Jesus darüber zu sagen hat: „Ihr wisst, dass unseren Vorfahren gesagt worden ist: Du sollst nicht morden! Wer einen Mord begeht, soll vor Gericht gestellt werden. Ich aber sage euch: Schon wer auf seinen Bruder oder seine Schwester zornig ist, gehört vor Gericht. Wer zu seinem Bruder oder seiner Schwester sagt: Du Idiot, gehört vor das oberste Gericht. Und wer zu seinem Bruder oder seiner Schwester sagt: Geh zum Teufel, gehört ins Feuer der Hölle" (Matthäus 5,21–22).

Mit anderen Worten: Jesus sagt uns, dass es mehr als einen Weg gibt, jemanden umzubringen. Und ich glaube, heute würde er dasselbe sagen. Denen unter uns, die in einem sauberen Stadtviertel leben, einen guten Job haben und in eine schöne Gemeinde gehen, würde er sagen, dass auch in unserer Mitte Mörder leben. Es mögen keine Menschen sein, die nach Chicago-Art morden, aber Mörder sind sie doch.

Tag 3

Alles hat denselben Ursprung

Die meisten Menschen, die dieses Buch lesen, sind viel zu zivilisert und beherrscht, um in Unterweltmorde verwickelt zu werden, von denen ich am ersten Tag dieser Woche gesprochen habe. Da wir zum gebildeten Mittelstand gehören, benutzen wir Schusswaffen – falls wir denn überhaupt welche besitzen – höchstens aus beruflichen oder sportlichen Gründen. Mit unseren Messern schneiden wir Steaks und leckere Aufläufe. Die einzigen Schuhe, die wir kennen, sind die aus Leder, die wir tagsüber tragen, wenn wir ins Büro fahren oder in die Kirche gehen.

O ja, wir sind meilenweit davon entfernt, wie jene Chicagoer Killer zu sein. Aber es würde mich nicht wundern, wenn wir genau die Leute wären, von denen Jesus in der oben zitierten Bibelstelle gesprochen hat. Wir kämen nicht auf die Idee, eine Pistole oder ein Messer gegen einen anderen Menschen zu erheben, aber zerstören tun wir das Leben anderer trotzdem. Wir hegen zum Beispiel einen Groll gegen andere, der sich in gehässigen Worten äußert. Oder wir stellen den Wert eines Mitmenschen infrage, wie es die Zeitgenossen Jesu taten, indem sie ihn einen „Idiot" nannten. Und was hat Jesus über Leute zu sagen, die sich so verhalten? Dass sie ins Höllenfeuer gehören – genau wie Mörder.

In seinen Worten aus dem Matthäus-Evangelium offenbart Jesus die frappierende Verwandtschaft zwischen körperlicher und verbaler Gewalt. Es besteht kaum ein Unterschied zwischen einem blutigen Messer und anstößigem Tratsch, zwischen fliegenden Geschossen und einer spitzen Zunge. Warum? Weil sie alle denselben Ursprung haben – ein hasserfülltes Herz. Und sie alle töten.

Und ich will mich hier gar nicht ausklammern. Auch ich neige manchmal dazu, auf andere herabzusehen und sie in Gedanken verbal zu verletzen. Immer wieder muss ich mein verhärtetes Herz bekennen und zugeben, dass ich ein frommer Killer bin. Keine Schwerter. Keine Verleumdung. Aber viel zu oft auch keine Barmherzigkeit.

Als ich damit begann, die Andachten dieser Woche zu verfassen, dachte ich, dass meine Ausführungen über dieses Gebot zum Thema „Morden" ein Kinderspiel werden würden. Wie sich herausstellt, ist es für mich persönlich die bislang größte Herausforderung. Ich bin gezwungen zuzugeben, dass ich viel zu oft in die Rolle des Mörders schlüpfe. Ich bete, dass Gott mich jeden Tag neu verändern und den Hass in meinem Herzen in Liebe verwandeln wird, die Gewalt in Zärtlichkeit, die Verleumdung in aufbauende Worte, die Trägheit in von Gott inspirierte Tatkraft.

Sind Sie bereit zuzulassen, dass Gott den Killer in Ihnen beseitigt? Wagen Sie es, Ihr Herz seiner verändernden Kraft zu überlassen? Sind Sie willens, Ihre Hände für Zärtlichkeit, Ihre Worte zur Ermutigung und Ihre Mittel zum Wohl der Bedürftigen einzusetzen? Wollen Sie das tun?

Tag 4

Sind Sie ein Killer in Vorstadt-Manier?

Wenn Mörder nach Chicago-Manier töten, reißen sie Gottes Recht an sich, das Leben eines Menschen zu beenden. Wenn „Vorstadtkiller" am Werk sind, reißen sie Gottes Recht an sich, den Wert eines Menschen zu beurteilen.

Der Mensch, der nach Gottes Ebenbild erschaffen wurde, ist die Krone der Schöpfung. Er ist Gottes Meisterwerk, sein kostbarster Besitz. Als solcher hat er großen Wert – natürlich nicht, weil er es verdient hätte, sondern weil Gott beschlossen hat, ihm diesen Wert zu geben. Das ist eine unbestreitbare und wunderbare biblische Wahrheit. Gott hält den Menschen für wertvoll, kostbar und würdig.

Wer sind wir also, dass wir uns anmaßen, darüber zu entscheiden, dass einige Männer und Frauen nicht würdig, kostbar oder wertvoll seien? Wer sind wir, dass wir uns anmaßen, sie „Versager", „Idiot", „Dummkopf", „Spießer" oder „Kanake" zu nennen? Welches Recht haben wir, ihr Selbstwertgefühl zu zerstören, indem wir sie beleidigen, demütigen oder diskriminieren? Wir haben kein Recht, irgendetwas davon zu tun – unter gar keinen Umständen!

Bevor ich die Arbeit an diesem Abschnitt begann, nahm ich an, ich hätte das sechste Gebot noch nie gebrochen. Jetzt ist mir klar, dass ich sehr oft in die Rolle des Vorstadtkillers geschlüpft bin. Mit sorgloser Gedankenlosigkeit und manchmal sogar böswillig habe ich Menschen mit meinen Worten in Stücke gerissen. Und ich stehe schuldig vor Gott und brauche dringend seine Vergebung.

Müssen auch Sie die Sünde bekennen, gemordet zu haben? Wenn wir Gott wirklich ehren wollen, müssen wir auch mit dem sechsten Gebot ernst machen. Jakobus sagt es ganz klar:

„Mit der Zunge loben wir Gott, unseren Herrn und Vater – und mit ihr verfluchen wir unsere Mitmenschen, die nach Gottes Bild geschaffen sind. Aus demselben Mund kommen Segen und Fluch. Meine Brüder und Schwestern, das darf nicht sein!" (Jakobus 3,9–10) Wir können unseren Mund nicht zum Lob Gottes öffnen und ihn gleich darauf benutzen, um Menschen zu verletzen.

Vielleicht müssen wir einen Blick in die Geschichte werfen, auf ein blutbeflecktes Kreuz. Vielleicht müssen wir noch einmal den sterbenden Messias ansehen, der alles Recht der Welt hatte, uns zu verfluchen, weil wir der Heiligkeit seines Vaters durch unsere Sünde Gewalt antun. Ja, er hätte das Recht dazu gehabt. Aber was hat er stattdessen getan? Er hat uns mit den Augen unergründlicher Liebe angeschaut, unsere Schuld selbst auf sich genommen und uns vom Gericht des ewigen Todes erlöst.

Jesus hätte das nicht tun müssen. Er hat es freiwillig getan, weil er uns liebt. Und jetzt will er dieselbe Liebe in unser Herz ausgießen, damit wir sie anderen entgegenbringen können. König David flehte Gott inständig an, ihm ein reines Herz zu schenken und seinen Geist zu erneuern (Psalm 51,12). Und genau das sollten auch wir tun. Wir müssen Gott bitten, den Hass in unserem Herzen durch Liebe zu ersetzen, die Arroganz durch Demut, die Bitterkeit durch Annahme und die Arglist durch Verständnis. Wir brauchen ein Herz, das frei ist von Gewalt, damit wir Worte sprechen können, die frei sind von Gewalt.

Vater, vergib uns, dass wir Vorstadtkiller sind. Reinige und verändere uns, damit wir deinem Befehl gehorchen können.

Tag 5

Fromme Killer

Mörder nach Chicago-Manier sind ein echt übler Haufen. Ihre Verbrechen sind grauenvoll, offensichtlich und tödlich. Vorstadtkiller gehen subtiler vor, und ihre Verbrechen sind nicht so offensichtlich, aber ihre Angriffe sind genauso direkt – und genauso tödlich. Es gibt in diesem Kontext aber noch eine dritte Art von Mördern und ihre Methoden unterscheiden sich drastisch von denen der anderen. Diese Killer begehen keine mörderischen Taten und setzen weder Hände noch Zunge ein. Sie töten einfach durch Vernachlässigung und Gleichgültigkeit. Sie töten, indem sie anderen das verweigern, was Leben erhält – nämlich Liebe und Aufmerksamkeit.

Natürlich würden diese Menschen sich selbst nie als Mörder bezeichnen. Aber genau das sind sie – fromme, selbstgerechte Killer, die auf Kirchen-Manier töten. Und Jesus verdammte sie zu dem Schicksal, das alle Mörder verdienen, wenn sie ihre Taten nicht bereuen. Warum? Der Grund findet sich in Jesu eigenen Worten: „Denn ich war hungrig, aber ihr habt mir nichts zu essen gegeben; ich war durstig, aber ihr habt mir nichts zu trinken gegeben; ich war fremd, aber ihr habt mich nicht aufgenommen; ich war nackt, aber ihr habt mir nichts anzuziehen gegeben; ich war krank und im Gefängnis, aber ihr habt euch nicht um mich gekümmert" (Matthäus 25,42–43).

„Ich weiß, dass ihr mir kein Schwert in die Seite gerammt habt, wie ein Mörder in Chicago-Manier es getan hätte", sagt Jesus. „Und ich weiß, dass ihr euch nicht über mich lustig gemacht habt, wie ein Killer in Vorstadt-Manier es tun würde. Aber ihr habt mir nichts zu essen gegeben, als ich Hunger hatte. Ihr habt mir keinen Mantel gegeben, als mir kalt war. Deshalb bin ich gestorben. Es gab kein Schwert und keine Verleumdung – aber auch keine Hilfe. Und jetzt klebt mein Blut an euren Händen."

Unsere Gemeinde unterstützt gelegentlich „Essen auf Rädern"-Aktionen. An bestimmten Sonntagen bringen Gemeindemitglieder Tüten mit Lebensmitteln, mit denen wir die Regale unserer gemeindeeigenen „Speisekammer" füllen. Von diesem Lebensmittellager aus wird das Essen dann an bedürftige Familien in unserer Gemeinde und in unserem Stadtteil verteilt. Ein Teil der Lebensmittel geht aber auch an benachteiligte Familien in der Innenstadt von Chicago.

Die meisten Mitglieder unserer Gemeinde unterstützen dieses Projekt engagiert. Sie wollen diesen Dienst sogar ausweiten. Aber ich weiß, dass einige andere Personen jedes Mal, wenn ich die Verteilaktionen ankündige, denken: *O nein, nicht schon wieder! Immer diese Spendenaufrufe. Warum wollen sie immer, dass ich noch mehr tue? Ich arbeite hart und viel. Ich bezahle meine Rechnungen. Ich sorge für meine Familie. Sollen diese Leute das doch auch tun! Ich bin schließlich nicht für sie verantwortlich.*

Wenn Ihnen diese Gedanken bekannt vorkommen, müssen Sie vielleicht noch einmal einen Blick auf den sterbenden Erlöser werfen. Vielleicht brauchen Sie ein neues Herz. Ich kenne die natürliche menschliche Neigung, uns in unserer kleinen Welt einzuigeln und die Bedürftigen zu ignorieren, nur allzu gut. Wie leicht neige ich dazu zu sagen: „Hey, ich hab eine tolle Ehefrau, wunderbare Kinder, meinen Geländewagen und mein gemütliches Zuhause am Stadtrand. Das ist meine Welt. Wenn die Menschen draußen hungern, nichts anzuziehen haben und sterben – dann hoffe ich, dass sich jemand um sie kümmert."

Können Sie hören, wie durch diese Worte jemand getötet wird?

Sechste Woche

Standortbestimmung

Welche Wirkung hatten diese Andachten auf Sie? Welche geistlichen Erkenntnisse haben Sie zum Beispiel gewonnen? Welche praktischen Umsetzungsmöglichkeiten sind Ihnen eingefallen? Wie werden sich Ihre Einstellung bzw. Ihr Verhalten aufgrund dessen wahrscheinlich verändern?

Nutzen Sie Ihre Antworten als „Aufhänger" für ein geistliches Tagebuch oder als Themen für Ihre Gebetszeiten. Auf diese Weise können Sie Ihr geistliches Wachstum festhalten, während Gottes Wille in Ihrem Leben Gestalt annimmt.

Kurz nachgedacht

1. Lesen Sie 2. Mose 20,13 und Matthäus 5,21–22. Warum sieht Jesus Parallelen zwischen körperlicher und verbaler Gewalt? Was ist das Ergebnis beider Formen von Gewalt?

2. Welche Taten sind, abgesehen von kaltblütigem Mord, wohl noch in dem Verbot des „Mordens" enthalten?

3. Was genau wird „ermordet", wenn Sie Ihre Zunge als Waffe gebrauchen? Warum ist diese Art von Mord in Gottes Augen genauso abscheulich, als würde man tatsächlich jemanden mit einem Messer oder einer Schusswaffe umbringen?

4. Lesen Sie Jakobus 3,9–12. Was sagt Jakobus über den, der vorgibt, Gott zu lieben, der aber die Menschen, die Gott nach seinem Ebenbild erschaffen hat, nicht liebt?

5. Wir haben über den Mord in „Chicago-Manier", in „Vorstadt-Manier" und in „Kirchen-Manier" gesprochen. Was bedeuten die verschiedenen Begriffe? Inwiefern sind all diese „Morde" Verstöße gegen das sechste Gebot?

6. Lesen Sie Matthäus 25,31–46. Warum wehren wir uns so oft gegen unsere Pflicht, für die Bedürftigen zu sorgen?

Für das persönliche Gebet

- Beten Sie laut das Gebet von Franz von Assisi:
  „Herr, mach mich zu einem Werkzeug deines Friedens,
  dass ich liebe, wo man hasst,
  dass ich verzeihe, wo man beleidigt,
  dass ich verbinde, wo Streit ist,
  dass ich die Wahrheit sage, wo Irrtum herrscht,
  dass ich den Glauben bringe, wo Zweifel ist,
  dass ich Hoffnung wecke, wo Verzweiflung quält,
  dass ich ein Licht anzünde, wo Finsternis regiert,
  dass ich Freude bringe, wo Kummer wohnt.“

- Bitten Sie den Heiligen Geist, der in Ihnen wohnt und Sie befähigt, Gottes Geboten zu gehorchen, dass er Ihnen ein Gespür für die Kraft Ihrer eigenen Worte gibt.

Meine persönlichen Erkenntnisse ...

Genieße deine Leidenschaften im richtigen Rahmen!

„Du sollst nicht die Ehe brechen."
2. Mose 20,14

Das Thema dieser Woche:
*Gott will die Heiligkeit der Sexualität
im Rahmen der Ehe gewährleisten.*

Tag 1

Auch nach einem Fehltritt ...

„Hey, Adam", sagt Gott. „Ich habe eine kleine Überraschung
für dich. Ich hatte nur auf den richtigen Zeitpunkt gewartet,
und ich glaube, der ist jetzt gekommen. Du legst dich ein bisschen hin, und wenn du wieder aufwachst, erwartet dich eine
besondere Überraschung!"

Während Adam schläft, nimmt Gott eine von dessen Rip-
pen und formt daraus eine Frau. Dann bläst er in ihre Nasen-
löcher den Odem des Lebens. Als Adam aufwacht, wartet sie
schon auf ihn – die lebendige, gut geformte, langhaarige Eva.

Was glauben Sie, was Adam da getan hat? Die Bibel verrät
uns zwar nur, dass er sie „Bein von meinem Bein und Fleisch
von meinem Fleisch" nannte (1. Mose 2,23; Luther), aber ich
glaube, diese einfache Aussage offenbart, wie sehr er sich mit
ihr identifizierte. Endlich war da jemand, der so war wie er. Jemand, mit dem er alles teilen und ganz offen und ehrlich und
tiefgehend kommunizieren konnte. Mach's gut, Einsamkeit;
herzlich willkommen, Liebe!

Gott offenbarte seine Sichtweise der besonderen Beziehung
zwischen Adam und Eva, als er sagte: „Deshalb verlässt ein
Mann Vater und Mutter, um mit seiner Frau zu leben. Die zwei
sind dann eins, mit Leib und Seele" (1. Mose 2,24). Dieser
Mann und diese Frau sollten eine einzigartige Beziehung
haben. Eine Beziehung, in der sie durch ihre Körper miteinander verbunden sein würden, und zwar in einer ganz wun-
derbaren und intimen Weise, die Gott vorgegeben hatte.

Vielleicht bekommen Sie langsam feuchte Hände und Ihr
Magen dreht sich um, wenn ich näher auf das Thema „Ehe"
eingehe sowie auf das Treuegelöbnis, das damit verbunden ist.
Warum? Weil Sie sich vielleicht noch sehr gut an Ihre Vergehen in diesem Bereich erinnern. Wenn das auf Sie zutrifft,

lesen Sie die folgenden Worte bitte ganz sorgfältig: Gottes Gnade ist größer als Ihre Sünde. Das Blut Jesu kann Sie reinwaschen, und er ist bereit, Ihnen zu vergeben.

Diese Zusicherung will ich gleich an den Anfang stellen, weil es keinen Grund gibt, warum Sie sich durch eine Schuld, die durch ehebrecherisches Verhalten in der Vergangenheit auf Ihnen liegt, länger belasten sollten. Sie können Ihre Verfehlungen gleich jetzt vor Gott bekennen und seine Vergebung in Anspruch nehmen. Gott liebt es, Menschen zu vergeben, die ihre Schuld ehrlich bereuen. Als Jesus der Frau begegnete, die man beim Ehebruch ertappt hatte, verdammte er sie nicht. Er spürte, dass sie ihren Fehler bereute, und sagte: „Du kannst gehen; aber tu diese Sünde nicht mehr!" (Johannes 8,11).

Dasselbe sagt er auch Ihnen. Bekennen Sie also Ihre Schuld, bitten Sie Gott um Vergebung und verpflichten Sie sich fortan in Ihrer Ehe zur Treue.

Ich kann nicht garantieren, dass Ihr Ehepartner dieselbe Vergebungsbereitschaft hat wie Gott, aber ich durfte schon mehr als einmal mitansehen, wie ein betrogener Ehepartner seinem reuigen Gatten vergeben hat. Ich habe mit eigenen Augen gesehen, wie eine zerrüttete Ehe ganz neu aufgebaut wurde, als beide Partner an einer neuen Grundlage aus Vertrauen, Respekt und Treue arbeiteten. Natürlich geschah dies nicht über Nacht. Und ohne das Eingreifen von Gottes heilendem Geist wäre es überhaupt nicht möglich gewesen. Aber es ist passiert. Und es kann auch anderen Menschen widerfahren, die bereit sind, zu bereuen und zu vergeben.

Tag 2

Das soll ja wohl ein Witz sein!

Manche Menschen sind ganz schockiert, wenn sie erfahren, dass Gott Sex gut findet. Nachdem sie so viele falsche Analysen darüber gehört haben, was Gott über Sexualität denkt, tun sie sich schwer damit, die Wahrheit zu akzeptieren – dass der heilige Gott Israels, der Verfasser der Zehn Gebote, der größte Verfechter eines gesunden Sexlebens ist.

Dabei geht diese Tatsache ganz deutlich aus der Bibel hervor. Aus der Schöpfungsgeschichte erfahren wir, dass die sexuelle Dimension unserer Persönlichkeit in unser Menschsein eingewoben ist. Physiologisch und psychologisch betrachtet, sind wir als sexuelle Wesen geschaffen. Die körperliche Anziehungskraft zwischen Männern und Frauen war kein Zufall und sie ist ganz sicher nicht die Folge von Sünde. Sie war ein wunderschöner und wichtiger Teil des weisen Entwurfes, den Gott sich ausgedacht hat.

Außerdem gibt es in der Bibel Hinweise darauf, dass Gott die menschliche Sexualität in erster Linie zum Vergnügen erschaffen hat. Die erste Erwähnung von „mit Leib und Seele eins sein" steht in einem Kontext, in dem es darum geht, Adams Einsamkeit und Isolation zu beenden (1. Mose 2,18–25); die Rolle der Fortpflanzung wird erst später angesprochen.

Wir sehen diese positive Haltung zum Sex nicht nur im 1. Buch Mose, sondern auch in den anderen Büchern der Bibel. Das Hohelied Salomos ist eine poetische Beschreibung der romantischen und erotischen Anziehungskraft zwischen zwei Liebenden. Viele Kommentatoren deuten dieses Buch als eine Erinnerung an das, was Adam gefühlt haben mag, als Gott ihm Eva zur Frau gab.

Auch der Apostel Paulus sagt Ehepaaren, dass sie nicht enthaltsam sein, sondern regelmäßig miteinander schlafen sollen.

Zu dieser Regel, sagt er, gibt es nur eine Ausnahme: Wenn beide sich einig sind, kann ein Ehepaar eine Weile auf Sex verzichten, während beide Partner sich intensiver dem Gebet widmen (1. Korinther 7,5).

Wir wissen also, dass Gott Sex gut findet. Wir wissen, dass an zahlreichen Stellen in der Bibel darauf hingewiesen wird, dass Sexualität eine gute Sache ist. Kann man daraus nicht schließen, dass Christen Sex auch gut finden sollten? Warum sollten wir eine gottgewollte Facette unseres Menschseins verleugnen?

Es ist tragisch, dass ein dunkler Schatten auf einen Teil des Lebens fallen kann, den Gott so wunderbar geschaffen hat. Aber auch wenn es tragisch ist, sollte es uns eigentlich nicht überraschen – irgendwie scheinen wir echte Fachleute darin zu sein, die schönen Dinge, die Gott geschaffen hat, zu beschmutzen und zu verzerren. Genau genommen kann der Mensch alles, was Gott schaffen kann, verderben.

Und deshalb gab Gott uns das siebte Gebot. Er wollte sicherstellen, dass Sex immer ein Werkzeug der Vereinigung ist und nicht der Trennung. Er wollte erreichen, dass Sex immer schön ist, indem er rein und unbeschmutzt bleibt. Das siebte Gebot ist kein von mir aufgestelltes Gesetz, und es ist auch nicht bloß eine menschliche Meinung, die von der kirchlichen Tradition gutgeheißen wird. Es ist Gottes direkte Bestimmung, die er uns gegeben hat, um seine Schöpfung zu beschützen.

$\mathcal{T}ag\ 3$

Das befleckte Ehebett

Ich bin mir bewusst, dass Sex eine riskante Angelegenheit ist. Deshalb hat Gott ihn ja auch auf den Rahmen der Ehe beschränkt, bei der ein Bund geschlossen und lebenslange Treue versprochen wird. In diesem Umfeld können Vertrauen und Geborgenheit wachsen und nach und nach können Angst, Sorge und Schüchternheit weichen. Damit Sex ganz und gar Gottes Plan entspricht, gehört er in eine eheliche Gemeinschaft, die auf funktionierender Kommunikation, gegenseitiger Hingabe, Respekt, Vertraulichkeit und vor allem Treue basiert. Nur in einer solchen Beziehung können wir eine wirklich befriedigende sexuelle Erfahrung erwarten.

Meine Frau und ich haben festgestellt, dass es einen engen Zusammenhang zwischen unserem sexuellen Vergnügen und der allgemeinen Qualität unserer Ehe gibt. Sexualtherapeuten bestätigen diese grundlegende Wahrheit. Der sexuelle Bereich der Ehe kann oft als Spannungs- oder Harmoniebarometer dafür dienen, wie es in anderen Bereichen der Ehe aussieht. Eine dürftige körperliche Beziehung kann auf gestörte Kommunikationswege oder einen Mangel an Hingabe, Respekt oder Vertrauen hindeuten. Eine gesunde körperliche Beziehung geht höchstwahrscheinlich mit offenen Kommunikationskanälen und einem hohen Maß an Wärme, Treue und gegenseitiger Unterstützung einher. Sex ist unendlich viel mehr als nur Geschlechtsverkehr. Er ist ein von Gott bestimmtes Mittel, um Liebe Ausdruck zu verleihen, ein für beide Seiten vergnügliches Mittel, ein Treuebündnis zu stärken, und der ultimative Ausdruck von Verletzlichkeit und Vertrauen.

Vor diesem Hintergrund können wir verstehen, warum Ehebruch ein so schlimmes Vergehen ist. Ein Mensch, der diese Sünde begeht, bricht nicht nur einen Eid. Er tut einem anderen Menschen Gewalt an. Nicht die ehebrecherische Beziehung an sich ist so zerstörerisch, sondern der damit einhergehende Betrug, die Unehrlichkeit und Untreue sind es, die Ehen zerstören und die Selbstachtung des betrogenen Partners untergraben.

„Wie konntest du mich nur so hintergehen?", fragt ein Mann seine Frau. „Wie konntest du mich so belügen und mein Vertrauen missbrauchen?"

An dieser Stelle zeigt sich das furchtbare Leid, das mit dem Ehebruch verbunden ist. Und es ist ein Leid, das beinahe unerträglich ist. Ich war erst seit zwei Jahren Pastor, als ich mich mit einem jungen Familienvater zusammensetzen musste, dessen Frau mit einem anderen Mann fortgegangen war. Ich half dem Vater, seinen beiden kleinen Kindern zu sagen, dass ihre Mama nicht mehr nach Hause kommen würde. Der Schmerz dieser Erfahrung hat sich so in mein Gehirn eingebrannt, dass ich hoffte, nie wieder in eine solche Situation verwickelt zu werden. Aber ich hatte auch in den Jahren danach mit Angelegenheiten dieser Art zu tun. Warum? Weil im Laufe der Jahre auch andere Männer und Frauen ihren Ehepartner betrogen. Und immer wieder klopften betrogene, zerbrochene Ehepartner an meine Tür.

Hollywood vermittelt ein unglaublich positives Bild dieses freien und unbekümmerten ehebrecherischen Lebensstils. Aber das ist eine himmelschreiende Lüge. Ehebruch verursacht Verletzungen. Alle verlieren dabei. Alle leiden. Alle tragen Narben davon. Wenn Ehebruch zur Scheidung führt, wie es so oft der Fall ist, kann der Schmerz ein Leben lang andauern.

Gott will uns diesen Schmerz ersparen. Er will uns, unsere Ehepartner und unsere Familie beschützen. Er will, dass unsere Ehe rein und unbefleckt ist, ein Hafen der Liebe, des Vertrauens, der Wärme und des Vergnügens. Er will, dass die Sexualität ein Werkzeug ist, mit dem in unserer Ehe Einheit geschmiedet wird – und keine Waffe, die zerstört. Bitte spielen Sie deshalb nicht mit dem siebten Gebot herum!

Tag 4

Die beliebte Sünde

Manche Menschen gehen davon aus, dass das Ehebruchverbot das einzige Gebot in der Bibel sei, in dem es um sexuelle Aktivitäten geht. Sie glauben, dass unverheiratete Menschen das Recht hätten, eine sexuelle Beziehung einzugehen, solange ihr Partner ebenfalls unverheiratet sei. Ich bin ja nur ungern ein Spielverderber, aber ich muss diesen Personen sagen, dass sie vollkommen falsch liegen. Offenbar haben sie ihre Bibeln nicht gerade abgenutzt, als sie nach Anweisungen für eine sexuelle Beziehung gesucht haben.

Der biblische Begriff für vorehelichen Sex – bzw. jegliche Form des Sex, den Unverheiratete haben – ist Unzucht und die Bibel verbietet diese ganz ausdrücklich. Matthäus nennt Unzucht gleich nach Mord und Ehebruch (Matthäus 15,19), und im Epheserbrief lesen wir, dass Christen sexuelle Unmoral nicht einmal als Möglichkeit in Erwägung ziehen sollten (Epheser 5,3). Nichts sollte unseren Gedanken ferner liegen. Sex gehört in die Ehe – und zwar ausschließlich in die Ehe.

Denken Sie daran: Gott will, dass wir sexuelle Aktivitäten im Zusammenhang einer sicheren, dauerhaften Beziehung genießen. „Betthüpferln" ist eine grobe Verzerrung des göttlichen Planes. Es beraubt die sexuelle Beziehung ihrer Vertrautheit zwischen zwei Menschen, die diese Beziehung zu etwas so Kostbarem und Einzigartigem macht. Es trennt den Sex von der liebenden Bindung, die ihn erst bedeutsam macht.

Aber manch einer wird jetzt einwenden: „Sie verstehen das falsch. Wir hüpfen nicht von Bett zu Bett. Wir haben nicht einen Partner nach dem anderen. Wir kaufen keinen Sex. Wir lieben uns und wollen irgendwann heiraten. Warum sollten wir nicht jetzt schon den gemeinsamen Sex genießen?"

Meine Antwort darauf ist, dass Sex in der Tat nicht schmutzig, hässlich oder schlecht ist. Er ist schön, rein und heilig – aber nur, wenn er von Menschen genossen wird, die Gott lieben und bereit sind, die Richtlinien zu befolgen, die er aufgestellt hat. Vor einiger Zeit kam ein Pärchen ohne jeden kirchlichen Hintergrund in unseren Gottesdienst. In meiner Predigt ging es an jenem Tag einfach nur um die Erläuterung der Guten Nachricht und offenbar überzeugten die schlichten Wahrheiten dieses Paar. Innerhalb weniger Wochen nahmen beide Jesus Christus als ihren Herrn und Erlöser an. Dann kamen sie in mein Büro, weil sie einige Fragen hatten und christliche Literatur suchten. Während unseres Gesprächs erfuhr ich, dass die beiden seit sieben Jahren zusammenlebten, in einem Haus, das sie gemeinsam gekauft hatten.

Sie waren ganz geknickt, als ich ihnen sagte, dass ihre Lebensverhältnisse Gott nicht gefielen. Wenn sie es mit Gott wirklich ernst meinten, müssten sie daran etwas ändern.

Die Frau sagte, ihr sei Gott wichtiger als das Zusammenleben mit ihrem Freund, und so beschloss sie auszuziehen. Er schloss sich ihrer Entscheidung an und sorgte dafür, dass sie bei seinen Eltern wohnen konnte. Dann stellten sie Regeln für ihr Zusammensein auf, um sexuell enthaltsam zu bleiben, was sie bis zu ihrer Hochzeit fast ein Jahr später auch waren.

Jetzt sind die beiden seit mehreren Jahren verheiratet, und es ist ganz offensichtlich, dass Gott ihre Beziehung sehr segnet. Sie geben offen zu, dass der Wendepunkt in ihrer Beziehung und in ihrem geistlichen Leben der Tag war, an dem sie beschlossen, sexuell rein zu sein. Ich ermahne diejenigen unter Ihnen, die unverheiratet mit ihrem Partner zusammenleben, dem Beispiel dieses Paares zu folgen.

Tag 5

Es beginnt im Herzen

Jesus sagte: „Ihr wisst, dass es heißt: Du sollst nicht die Ehe brechen! Ich aber sage euch: Wer die Frau eines anderen begehrlich ansieht, hat in seinem Herzen schon die Ehe mit ihr gebrochen" (Matthäus 5,27–28).

In dieser Botschaft an die Massen tat Jesus, was er schon so oft zuvor getan hatte. Er blickte hinter den äußeren Ausdruck der Sünde und sah ihre innere Erscheinungsform. Während der äußere Ausdruck sexueller Unreinheit der Ehebruch ist, ist die innere Erscheinungsform die Begierde. Viele Menschen halten Begierde für eine harmlose Angelegenheit – oder wenn nicht völlig harmlos, dann doch zumindest für nicht der Rede wert. Schließlich, so sagen sie, ist sie nur ein Spielplatz für die Gedanken. Aber was in Gedanken geschieht, ist wichtig, sehr wichtig sogar, denn der Kampf um sexuelle Reinheit muss im Kopf ausgefochten werden.

Wir alle nehmen hin und wieder attraktive Vertreter des anderen Geschlechts wahr. Anziehung und Stimulierung sind für sexuelle Wesen, wie wir es sind, ganz normale Reaktionen. Offensichtlich ist das in Matthäus 5 nicht gemeint, wenn Jesus von begehrlichen Blicken spricht.

Nein, nicht der erste, beiläufige Blick ist Begierde. Auch nicht das unschuldige Bemerken eines muskulösen Aussehens, eines wohlgeformten Körpers oder eines hübschen Gesichts. Es ist der zweite, dritte oder vierte Blick – der Blick, der von einer imaginären Verführung begleitet wird, einem Entkleiden in Gedanken und einer bewussten Fantasie, mit dieser Person eine sexuelle Beziehung einzugehen –, der Begierde ausmacht. Und genau dies verbietet Jesus.

Gedanken, die immerzu träumen und wandern und verführen, müssen gereinigt werden. Jesus nennt die Begierde „Ehebruch im Herzen", und wie jede andere sexuelle Sünde muss auch sie bekannt und aufgegeben werden. Wenn wir sie nicht bekennen und uns von ihr abwenden, wird sie irgendwann unsere Gedanken beherrschen. Und wenn wir sie durch sexuell anregende Filme, Bücher, Zeitschriften oder soziale Umstände fördern, werden wir irgendwann höchstwahrscheinlich der Versuchung nachgeben und unsere Fantasien Wirklichkeit werden lassen.

Bitte tun Sie das nicht. Füllen Sie Ihre Gedanken nicht mit Schund. Wenn wir mit der Sünde flirten, werden wir ihr schließlich zum Opfer fallen. Und dann müssen wir den Preis des Ungehorsams zahlen.

Gott liebt uns und will uns frei machen. Darum hat er uns das siebte Gebot gegeben. Er will unsere Gedanken vom Schatten der Sünde befreien, damit wir konstruktiv denken, fröhlich anbeten und gesunde Beziehungen zu anderen Menschen aufbauen können. Er will uns nicht die Freuden des Lebens verbieten. Er will nur, dass diese Freuden rein und unbeschmutzt sind.

Siebte Woche

Standortbestimmung

Nehmen Sie sich am Ende dieser Woche etwas Zeit, um darüber nachzudenken, in welcher Weise diese Andachten Sie angesprochen haben. Welche geistlichen Erkenntnisse haben Sie beispielsweise gewonnen? Welche praktischen Umsetzungsmöglichkeiten sind Ihnen eingefallen? Wie werden sich Ihre Einstellung bzw. Ihr Verhalten aufgrund dessen wahrscheinlich verändern?

Nutzen Sie Ihre Antworten als „Aufhänger" für ein geistliches Tagebuch oder als Themen für Ihre Gebetszeiten. Auf diese Weise können Sie Ihr geistliches Wachstum festhalten, während Gottes Wille in Ihrem Leben Gestalt annimmt.

Kurz nachgedacht

1. Denken Sie an den letzten Film, den Sie sich angeschaut haben. Welche Einstellung zum Sex wurde in diesem Film vermittelt? Lesen Sie dann 2. Mose 20,14 und Matthäus 5,27–30. Überlegen Sie sich eine vorläufige Definition des Begriffes „Ehebruch".
2. Manchmal ist es einfacher, wenn man sich herauszureden versucht, warum man Gottes Willen nicht befolgt hat. (Adam machte Eva für seinen Ungehorsam verantwortlich und Eva gab für ihren der Schlange die Schuld.) Nennen Sie einige Entschuldigungen, mit denen wir versuchen, falsche Denkweisen und falsches Verhalten zu rechtfertigen, anstatt die persönliche Verantwortung dafür zu übernehmen.
3. Nach Gottes Willen soll Sexualität ein Ausdruck von Liebe

sein. Warum ist es dann nicht in Ordnung, mit jemandem, den man wirklich liebt, zu schlafen, bevor man mit ihm verheiratet ist?

4. Welche Hoffnung und Hilfe würden Sie einem Christen anbieten, der sich wegen seines früheren sexuellen Verhaltens schuldig fühlt?

5. Wie können Sie, wenn Sie verheiratet sind, Ihr Treuegelöbnis gegenüber Ihrem Ehepartner bekräftigen? Und was können Sie tun, um dem Wunsch, Gott und Ihrem zukünftigen Ehepartner treu zu sein, Ausdruck zu verleihen, wenn Sie derzeit nicht verheiratet sind?

Für das persönliche Gebet

- Lesen Sie Johannes 14,15 und nehmen Sie diese Bibelstelle mit ins Gebet. Bitten Sie Gott, Ihnen zu vergeben, dass Sie sich unreinen Gedanken hingegeben oder sich auf „ehebrecherische" Weise verhalten haben. Bekennen Sie, dass Sie Gottes Gnade und Erbarmen brauchen, während Sie sich darum bemühen, seine Gebote zu halten.

- Danken Sie Jesus Christus dafür, dass er am Kreuz gestorben ist und Sie dadurch die Möglichkeit haben, Vergebung Ihrer Sünden zu erlangen und ein Leben mit Gott zu führen, anstatt getrennt von ihm zu leben.

- Denken Sie darüber nach, mit welcher Einstellung zur Sexualität Sie aufgewachsen sind. War es eine liberale, strenge oder relativ ausgewogene Einstellung? Überlegen Sie, was die Gründe für diese Sicht sein könnten. Halten Sie Ihre Erkenntnisse auf den untenstehenden Zeilen fest.

- Wenn Sie verheiratet sind: Fragen Sie sich bitte: „Was tue ich gerade, um eine lebenslange, sexuell befriedigende und ausschließliche Beziehung zu meinem Ehepartner zu festigen?" Tauschen Sie sich mit Ihrem Ehepartner darüber aus, wie Sie besser auf die sexuellen Bedürfnisse des anderen eingehen können.

Meine persönlichen Erkenntnisse ...

Achte Woche

Halte dich beim Erwerb deines Eigentums an die Regeln!

„Du sollst nicht stehlen."
2. Mose 20,15

Das Thema dieser Woche:
*Gott vertraut uns persönliches Eigentum an,
das durch eigene Anstrengung oder als Geschenk
in unseren Besitz gelangt.
Diebstahl missbraucht dieses Vertrauen Gottes in uns.*

$$\mathcal{T}ag\ 1$$

So nicht!

Es war Heiligabend. Meine Schwester Ginny fuhr von der Christmette in ihrer Gemeinde nach Hause. Die Bäume am Straßenrand glitzerten, wenn das Licht der Scheinwerfer ihres Wagens darauf fiel. Der nasse Schnee sammelte sich in eisigen Häufchen auf ihren Scheibenwischern und verwandelte auch die Fahrt auf der schmalen Straße in eine Rutschpartie. Als Ginny langsam um eine abschüssige Kurve bog, sah sie, dass ein Auto am Fuß des Hügels in eine Schneewehe gerutscht war.

Sie ignorierte die Warnungen, die ihr durch den Kopf schossen und ihr sagten, wie gefährlich es sein konnte, einem Fremden zu helfen. Sie hielt am Straßenrand und bot ihre Hilfe an.

„Bin ich froh, dass Sie gehalten haben", sagte der Mann, der im liegengebliebenen Wagen saß. „Ich hatte schon befürchtet, ich müsste die ganze Nacht hier verbringen. Vielleicht kriegen wir den Wagen raus, wenn Sie versuchen, das Auto zu starten, und ich schiebe."

Beinahe 45 Minuten arbeiteten die beiden gemeinsam, und schließlich schafften sie es, das Auto aus der Schneewehe zu befreien. Ginny fuhr ihn den Hügel hinauf, dann lief sie wieder hinunter, um ihren eigenen Wagen zu holen.

„Vielen Dank", sagte der unbekannte Fremde. „Sie haben mir wirklich sehr geholfen." Dann griff er in Ginnys Auto, zog ihre Handtasche heraus – in der sich Geld und Kreditkarten befanden – und entgegnete: „Nochmals danke. Das hier kommt mir sehr gelegen." Er rannte den Hügel hinauf, stieg in seinen Wagen und fuhr los.

Ginny blickte ihm mit offenem Mund nach und konnte es kaum fassen.

Das ist nicht fair!

Wenn man Ihnen schon einmal etwas gestohlen hat, kennen Sie sicher das plötzliche Gefühl der Enttäuschung und des Betrogenseins, das diese Erfahrung begleitet. *Wie konnte mir jemand so etwas antun? Was hab ich ihm denn getan? Warum immer ich? Was für eine Frechheit!*

Wann immer uns etwas gestohlen wird – gleichgültig, ob es unser sauer verdientes Geld, ein unersetzbares Andenken oder ein teurer Gebrauchsgegenstand ist –, sind wir wütend und beleidigt. Nicht, weil wir unseren Besitz vergöttern oder unseren Wert an Dingen festmachen, sondern, weil wir das tiefsitzende Bedürfnis haben, unsere persönlichen Rechte zu schützen. Wir glauben, weil wir die Finger von dem lassen, was einem anderen gehört, müsste er auch unser Eigentum respektieren. Wenn er sich nicht an diese stillschweigende Abmachung hält, sind wir empört.

Und Gott ist es ebenfalls. Wenn es auch unterschiedliche weltanschauliche Auffassungen darüber gibt, ob und wie viel Privateigentum ein Mensch besitzen sollte, geht die Bibel offenbar davon aus, dass Privatpersonen immer ein gewisses Maß an Eigentum haben werden. Das achte Gebot schützt dieses Eigentum, indem es Diebstahl – also jede unrechtmäßige Aneignung von Dingen – kategorisch verbietet. Achten Sie darauf, dass alles, was Ihnen „gehört", auf rechtmäßige Weise in Ihren Besitz gelangt ist.

Tag 2

Arten der Besitzerlangung

Viele von uns reagieren auf Gottes Diebstahlverbot genauso, wie wir auf das Gebot „Du sollst nicht morden" reagieren: *Warum sollte ich mit diesem Gebot Zeit vergeuden? Ich bin doch kein Dieb! Ich würde nie das Eigentum anderer an mich reißen. Gehen wir also zum nächsten Punkt über.*

Doch genauso, wie es möglich ist, einen Menschen auf verschiedene Art umzubringen, kann man ihn auch auf vielfache Weise bestehlen. Es gibt Arten der Besitzerlangung, die oberflächlich betrachtet beinahe harmlos erscheinen, die aber in Wirklichkeit Diebstahl sind.

Wie verhält es zum Beispiel mit Angestellten, die sich ohne Erlaubnis bei den Materialvorräten ihres Arbeitgebers bedienen – Fahrzeugteile, Werkzeuge, Locher, Papier, Bleistifte, Kugelschreiber, Notizblöcke, CD-ROMs, Kaffee? Nur ein bisschen hier oder dort. Ist doch keine große Sache. Oder vielleicht doch? Entspricht das den biblischen Spielregeln der Inbesitznahme, wenn wir vom Eigentum anderer einfach etwas nehmen? Sie haben nicht dafür gearbeitet. Sie haben nicht investiert, getauscht oder gehandelt. Sie haben nicht dafür gebetet. Sie haben noch nicht einmal gefragt. Tatsache ist: Sie haben es gestohlen.

Mehrere Einzelhändler aus meinem Bekanntenkreis haben mir erzählt, dass mehr von Angestellten gestohlen wird als von den Kunden. Sie fürchten ihre Verbündeten mehr als ihre Feinde. Sie haben mehr Angst davor, intern über den Tisch gezogen zu werden, als von außerhalb. Was sagt uns das? Es deutet darauf hin, dass die Menschen sich daran gewöhnt haben, Gegenstände zu nehmen, die ihnen nicht rechtmäßig gehören.

Eine andere Form der Besitzerlangung ist die Dauerausleihe. Wie war das noch mit der Leiter Ihres Nachbarn, die Sie sich vor zwei Jahren geliehen haben? Oder mit dem Pinsel oder der Salatschüssel oder der Kuchenplatte? Wie sieht es mit den Büchern, DVDs und CDs aus? Sie haben gesagt, Sie würden sie zurückgeben, aber haben Sie das auch getan? Haben Sie diese Dinge wirklich nur ausgeliehen? Oder haben Sie sie sich stillschweigend angeeignet, indem Sie sie einfach nicht zurückgegeben haben?

Wie wäre es, wenn Sie meinem Beispiel folgen, Papier und Stift zur Hand nehmen und eine Liste all der Dinge erstellen, die zwar in Ihrem „Besitz", aber nicht Ihr rechtmäßiges Eigentum sind? Schreiben Sie alles auf, was Sie an Ihrem Arbeitsplatz mitgenommen haben, alles, was Sie in Geschäften „ausgeliehen" haben, und alles, was Freunde und Verwandte Ihnen geborgt haben. Versprechen Sie Gott anschließend, dass Sie bis zum Ende des Monats alle Gegenstände auf der Liste an ihre rechtmäßigen Eigentümer zurückgeben werden.

Unter Umständen müssen Sie einiges verpacken und an seinen Besitzer zurückschicken. Eventuell müssen Sie Geld überweisen, um die Kosten der Gegenstände und Vorräte zu ersetzen, die Sie bereits verbraucht, verloren oder kaputt gemacht haben. Vielleicht sollten Sie einen Brief beilegen, in dem Sie erklären, dass Sie im Nachhinein erkannt haben, dass Ihr Verhalten nicht richtig war. Und dass Sie beschlossen haben, Gott die Ehre zu geben und Ihr Gewissen zu bereinigen, indem Sie Ihr Vergehen bekennen und Wiedergutmachung leisten.

Sie könnten den Brief mit „Ein überführter Christ" unterschreiben, aber ich glaube, „Ein befreiter Christ" trifft es besser. Diebstahl beeinträchtigt unsere Selbstachtung, verursacht Sorgen und zerstört unsere Glaubwürdigkeit als Christen. Aber Reue und Wiedergutmachung machen uns frei. Sie befreien uns von den einengenden Fesseln der Schuld und ermöglichen es uns, im Frieden mit uns selbst, mit anderen und mit Gott zu leben.

Tag 3

Eine ernsthafte Warnung!

Die Sache mit dem Stehlen hat eine Kehrseite, die unsere Gesellschaft vielleicht besonders betrifft: nämlich das Verlangen nach Sicherheit, das mit unserem Drang einhergeht, immer noch mehr Besitz anzuhäufen. Werden wir jemals genug haben? Ich nahm einmal an einem Vortrag teil, in dem der Redner unter anderem sagte, er habe noch nie einen Leichenwagen mit Möbelanhänger gesehen. Das war zwar nur ein Scherz, aber es steckt doch viel Wahres darin.

Jesus fasste denselben Gedanken in Worte, als er das Gleichnis vom reichen Mann erzählte, der seine Scheunen abriss und größere baute, damit er seinen gesamten Reichtum unterbringen konnte. Der Mann sah sein riesiges Vermögen an und sagte sich: „Jetzt kannst du es dir gut gehen lassen. Iss, trink und freu dich des Lebens!" Aber Gott entgegnete: „Du Narr! Noch in dieser Nacht wird deine Seele von dir gefordert werden; und wer wird jetzt all das besitzen, was du angehäuft hast?" (nachzulesen in Lukas 12,16–21). Und dann fügte Jesus noch hinzu: „So geht es einem Menschen, der Schätze ansammelt, aber bei Gott nicht reich ist."

Als Kinder lernten wir in der Sonntagsschule, dass es wichtiger ist, Schätze im Himmel zu sammeln, als auf der Erde viel zu haben. Aber wie machen wir das? Wie kann man „bei Gott reich" sein? Die Bibel macht deutlich, dass wir jedes Mal dann Schätze im Himmel sammeln, wenn wir die Mittel, die Gott uns gegeben hat, dazu gebrauchen, um in der Welt seinen Willen zu tun. Jedes Mal, wenn von unserem Wohlstand etwas in das Leben anderer Menschen fließt – wenn wir den Bedürftigen helfen oder die Gemeindearbeit unterstützen –, machen wir eine Einzahlung auf unser himmlisches Konto.

Viele Menschen sind so sehr damit beschäftigt, Geschäfte

zu machen, dass Sie die wichtigsten Fragen des Lebens vernachlässigen. Wie bei dem reichen Mann im Gleichnis fließen ihre Scheunen über, aber ihre Seelen sind leer. Sind Sie einer dieser Menschen? Wenn Sie den vermeintlichen Schutzpanzer Ihres Wohlstands ablegen müssten, was bliebe dann übrig? Wer wären Sie dann? Wenn Sie heute vor Gott stehen müssten, was hätten Sie ihm dann zu bieten? Einen Verstand, der ihn kennt? Ein Herz, das ihn liebt? Ein Leben, das ihm diente? Oder würde Gott die Berge von Gerümpel zur Seite schieben, die Sie Wohlstand nennen, und sehen, dass Sie mit leeren Händen dastehen? Müsste Jesus seinem Vater traurig sagen, dass er Sie nicht kennt?

Wenn Sie bislang so mit dem Anhäufen von Besitz beschäftigt waren, dass Sie Ihre Seele vernachlässigt haben, dann steigen Sie bitte lange genug aus der Tretmühle aus, um sich mit diesen Fragen von Ewigkeitswert auseinanderzusetzen. Bemühen Sie sich darum, Gott kennenzulernen und zu erfahren, wie sich die Beziehung zu ihm vertiefen kann. „Was hat ein Mensch davon, wenn er die ganze Welt gewinnt, aber zuletzt sein Leben verliert? Womit will er es dann zurückkaufen?" (Matthäus 16,26).

Tag 4

Zweierlei Maß

Im Buch der Sprüche heißt es: „Der Herr verabscheut zweierlei Maß; er hat kein Gefallen an falschen Waagen" (Sprüche 20,23; Neues Leben Übersetzung). Offenbar ist das Manipulieren von Waagen keine neue Erfindung. Schon zur Zeit des Alten Testaments haben Männer und Frauen versucht, einander zu betrügen und zu übervorteilen, um ein bisschen mehr für ihr Geld zu bekommen.

Heutzutage gebrauchen wir eine subtilere Variante von „zweierlei Maß" – und zwar in Form von gut klingenden Versprechen. Wir alle kennen sie: „Ich biete Ihnen das Geschäft Ihres Lebens an – ein hübsches kleines Stück Land in Südflorida. Das ist eine hervorragende Kapitalanlage und der perfekte Ort für den Altersruhesitz!" Leider vergisst der Makler zu erwähnen, dass dieses ausgewählte Grundstück mitten in den Sümpfen der *Everglades* liegt.

Ich habe oft genug Lebensmittel gekauft, um zu wissen, dass man, wenn ein Großhändler verkündet, er habe 500 Paletten Kopfsalat, frisch wie der Morgentau, besser genau hinsieht, ob der Morgentau nicht ein bisschen braun und matschig an den Rändern ist.

Und was ist mit dem Immobilienmakler, der sagt: „Als ich dieses Haus zum ersten Mal sah, wusste ich sofort, dass es wie für Sie gemacht ist", obwohl er genau weiß, dass der Kaufpreis Ihre finanziellen Möglichkeiten übersteigt? Oder mit dem Handwerker, der darauf besteht, dass Ihre nicht mehr ganz neue Heizung „unbedingt sofort ausgetauscht werden" muss?

Ich könnte noch unzählige Beispiele aufzählen, aber ich denke, Sie verstehen, was ich meine. Lügen, Halbwahrheiten, Tricks, Kunstgriffe, Kniffe – sie mögen als Verkaufsstrategien bezeichnet werden, aber sie sind nichts anderes als eine subtile Form des Diebstahls. Unabhängig davon, ob sie durch Habgier, Neid oder Machthunger motiviert sind, sind sie ein Verstoß gegen das achte Gebot.

Aneignung von Eigentum und Betrug sind in den Augen Gottes sehr ähnliche Dinge. Beide sind sie eine Form des Stehlens. Und deshalb müssen wir darauf achten, wie wir unsere Informationen, unsere Waren und unsere Dienstleistungen präsentieren.

Paulus schrieb an die Epheser, dass wir „die Wahrheit in Liebe" sagen sollen (Epheser 4,15). Das bedeutet, dass der Immobilienmakler vielleicht sagen muss: „Das hier ist ein schönes Haus und ich könnte mir gut vorstellen, dass Sie darin wohnen. Aber ich kenne Ihre finanzielle Situation und fürchte, die Tilgungsraten würden Ihnen Probleme bereiten." Der Lebensmittelgroßhändler müsste sagen: „Ich habe 500 Paletten Kopfsalat, aber ich weiß nicht, ob sie Ihnen frisch genug sind. Sehen Sie sich doch einfach ein paar Lagen an und dann reden wir über den Preis." Der Handwerker müsste unter Umständen sagen: „Ich glaube nicht, dass Sie schon eine neue Heizung brauchen. Die hier macht's vermutlich noch ein paar Jahre."

Es könnte uns vermutlich gelingen, andere Menschen übers Ohr zu hauen, aber Gott können wir niemals betrügen. Er lässt sich nicht verspotten. Er lässt sich von unseren cleveren Tricks nicht einwickeln. Was wir säen, werden wir auch ernten. Wenn wir Unehrlichkeit säen, werden wir Verdammnis ernten. Aber wenn wir Ehrlichkeit, Integrität und Rücksicht auf andere säen, werden wir Gottes Segen ernten.

$\mathcal{T}ag\ 5$

Betrug ist auch Diebstahl

Vor einigen Jahren lieh meine Mutter einem Mann, der ein Freund meines Vaters gewesen war, 1.000 Dollar. Er unterschrieb einen Schuldschein und willigte ein, das Geld innerhalb von sechs Monaten zurückzuzahlen. Sechs Monate verstrichen, ohne dass meine Mutter das Geld oder eine Bitte um Verlängerung erreicht hätte. So verstrich ein Jahr, dann 18 Monate, dann waren es schon zwei Jahre. Sie beschloss, weiterhin Geduld zu haben.

Kurz darauf ging meine Mutter mit Freunden essen. Als sie bei dem Restaurant eintraf, sah sie denselben Mann in einem nagelneuen Auto. Er stieg aus, begrüßte meine Mutter mit einem „Hallo" und ging ins Restaurant.

Meine Mutter rief mich am nächsten Tag an und bat mich, den Mann zur Rede zu stellen. „Sagt die Bibel nicht irgendetwas zu einem solchen Verhalten?"

Ja, die Bibel sagt etwas zu einem solchen Verhalten. Sie nennt Taten wie diese „Betrug" und verbietet sie. Wenn wir das Geld unserer Gläubiger für unnötige Dinge oder Dienstleistungen ausgeben, hintergehen wir sie, indem wir ihnen das, was rechtmäßig ihnen gehört, vorenthalten.

Es gibt viele Möglichkeiten, andere zu betrügen. Eine davon wurde erst neulich auf dem Parkplatz unserer Gemeinde praktiziert. Ein Mann, der unsere Gottesdienste erst seit kurzer Zeit besuchte, hatte ein neues Auto für seine Frau bestellt, doch kurz vor der Lieferung des Wagens kam dieser Mann auf tragische Weise bei einem Flugzeugabsturz ums Leben. Seine Witwe kam weiter in die Gemeinde und führte Lynne und mir ihr neues Auto vor. Natürlich hatte der Wagen einen hohen sentimentalen Wert für sie, weil er das letzte Geschenk ihres Mannes gewesen war.

Während eines unserer Gottesdienste fuhr jemand gegen den Wagen und verursachte einen Sachschaden in Höhe von einigen Hundert Dollar. Die Witwe war verständlicherweise traurig darüber, dass der Wagen beschädigt worden war, aber noch trauriger machte sie die Tatsache, dass der Fahrer, der den Unfall verursacht hatte, nicht für seinen Fehler einstand. Er oder sie hatte keinen Zettel hinterlassen, meldete sich nicht im Gemeindebüro und bot nicht an, die Reparaturkosten zu übernehmen.

Der Mann oder die Frau, die den Schaden verursacht hat, hat auf diese Weise einer jungen Witwe 300 Dollar gestohlen. Und dabei hat er oder sie auch das Zeugnis unserer Gemeinde beschädigt, unseren Gemeindevorstand vor ein kniffliges Problem gestellt und einer Frau, die ohnehin schon schwer zu tragen hatte, eine zusätzliche Last aufgebürdet.

Leider ist ein solches zweifelhaftes Verhalten keine Seltenheit. Es gehört inzwischen fast zum guten Ton, die Regierung zu betrügen, indem man bestimmte Einkünfte bei der Steuererklärung nicht angibt oder fragwürdige Posten absetzt. Auch ist es weithin an der Tagesordnung, dass man den Arbeitgeber hintergeht, indem man sich krank meldet, obwohl man es gar nicht ist, indem man während der Arbeitszeit private Telefonate führt, obwohl dies nicht erlaubt ist, oder indem man die Spesenabrechnung frisiert, wenn man dienstlich unterwegs war. Viele Menschen hintergehen sogar ihre eigenen Familien, indem sie Unterhaltszahlungen verweigern. Aber die Tatsache, dass diese Praktiken weit verbreitet sind, bedeutet nicht, dass dieses Verhalten richtig wäre. Wir haben kein Recht, andere zu hintergehen – gleichgültig, ob es sich dabei um eine junge Witwe, Freunde oder Verwandte, einen Bankangestellten, unseren Arbeitgeber oder die Regierung handelt ... oder um Gott.

Achte Woche

Standortbestimmung

Nehmen Sie sich am Ende dieser Woche etwas Zeit, um darüber nachzudenken, welche Wirkung diese Andachten auf Sie hatten. Welche geistlichen Erkenntnisse haben Sie zum Beispiel gewonnen? Welche praktischen Umsetzungsmöglichkeiten sind Ihnen eingefallen? Wie werden sich Ihre Einstellung bzw. Ihr Verhalten aufgrund dessen wahrscheinlich verändern?

Nutzen Sie Ihre Antworten als „Aufhänger" für ein geistliches Tagebuch oder als Themen für Ihre Gebetszeiten. Auf diese Weise können Sie Ihr geistliches Wachstum festhalten, während Gottes Wille in Ihrem Leben Gestalt annimmt.

Kurz nachgedacht

1. Waren Sie schon einmal versucht, sich etwas anzueignen, das nicht Ihnen gehörte, haben es dann aber doch nicht getan (das kann etwas Gegenständliches gewesen sein wie ein Fußball oder etwas Abstraktes wie eine Idee)? Warum haben Sie sich entschieden, nicht zu stehlen?
2. In Sprüche 20, Vers 23 heißt es, dass Gott „zweierlei Maß" verabscheut. Überlegen Sie zwei oder drei Methoden, wie Sie Ihre Geschäftsbeziehungen oder Ihre persönlichen Beziehungen gerechter gestalten können.
3. Die Bibel lehrt, dass bestimmte Methoden der Inbesitznahme in Ordnung sind: gewissenhafte Arbeit (Epheser 4,28), Investition (Matthäus 25,14–30) und Gebet im festen Vertrauen auf Gott (Matthäus 7,7–11). Warum sind diese Methoden rechtens?

4. Glauben Sie, dass es in Ordnung ist, den Besitz, den Sie durch Ihre Arbeit oder als Geschenk erhalten haben, zu genießen? Begründen Sie Ihre Antwort.
5. Lesen Sie Matthäus 6,19–20 und Lukas 12,16–21. Wir sammeln jedes Mal dann „Schätze im Himmel", wenn wir die Mittel, die Gott uns anvertraut hat, so einsetzen, dass sein Wille in der Welt zum Tragen kommt. Wie können Sie ganz konkret „reich bei Gott" sein und dadurch Schätze im Himmel sammeln?

Für das persönliche Gebet

- Lesen Sie Matthäus 16,26 laut und denken Sie über die Bedeutung dieses Verses nach.
- Bekennen Sie Gott, wenn Sie in diesem Bereich schuldig geworden sind. Bitten Sie ihn, Ihnen Kraft zu geben, dass Sie sein Gebot, nicht zu stehlen, halten können – in welcher Form auch immer.
- Erstellen Sie eine Liste all der Dinge, die Sie von jemandem „geborgt" haben und bei denen Sie Ihr Versprechen, sie zurückzugeben, nicht gehalten haben (die Schubkarre des Nachbarn, Schreibmaterial aus dem Büro usw.). Versprechen Sie Gott dann, den Eigentümern bis zum Ende des Monats alles, was auf dieser Liste steht, zurückzugeben.
- Befassen Sie sich in dieser Woche während Ihrer Stillen Zeit mit Psalm 24,1, Jakobus 1,17 und 1. Mose 1,27–30. Halten Sie Ihre Erkenntnisse in dem unten stehenden Abschnitt fest.

Meine persönlichen Erkenntnisse ...

Neunte Woche

Bleibe bei der Wahrheit!

„Du sollst nichts Unwahres
über deinen Mitmenschen sagen."
2. Mose 20,16

Das Thema dieser Woche:
Gott ist die Wahrheit; jede Abweichung von der Wahrheit
ist ihm ein Gräuel.

Tag 1

Gott ist die Wahrheit

Erinnern Sie sich noch an die Geschichte von Hananias und Saphira in Apostelgeschichte 5, Verse 1 bis 10? Es ist ein ziemlich erschreckender Bericht – ein wahrer, historischer Bericht über Ereignisse, die sich in der Jerusalemer Urgemeinde abspielten, als zwei Mitglieder beschlossen zu lügen.

Sie logen; sie starben.

Die meisten von uns haben, genau wie Hananias und Saphira, keine Vorstellung davon, wie sehr Gott Unehrlichkeit hasst und wie wütend sie ihn macht. Aber wir sollten uns eigentlich nicht über Gottes Reaktion wundern. In der Bibel lesen wir, dass Wahrheit ein Teil von Gottes Wesen ist. Pontius Pilatus war weder der Erste noch der Letzte, der die Frage stellte: „Was ist Wahrheit?" Aber ihm und jedem anderen, der auf der Suche ist, gab Jesus die endgültige Antwort, als er sagte: „Ich bin der Weg, die Wahrheit und das Leben" (Johannes 14,6).

„Du brauchst gar nicht so wehmütig ins All zu starren", können wir ihn beinahe sagen hören. „Dort wirst du die Wahrheit nicht finden. Und tief in dir selbst auch nicht. Die Wahrheit findest du nur in mir, denn ich bin Gott, und Gott ist die Wahrheit."

Wenn Gott die Wahrheit ist, dann steht die Unwahrheit – oder Unehrlichkeit – im Gegensatz zu seiner Identität. Sie widerspricht seinem Wesen und widert ihn daher an. Einer, der ganz und gar wahrhaftig ist, kann Falschheit nicht tolerieren.

Stellen Sie sich vor, eine vollendete Pianistin – jemand, der jeden Ton perfekt trifft – wird gebeten, auf einem Klavier zu spielen, das hoffnungslos verstimmt ist. Könnte sie die furchtbaren Missklänge wohl lange ertragen? Oder nehmen wir einen geschickten Handwerker, der ein schlecht konstruiertes Gebäude betrachtet. Würden schiefe Wände und schlecht angepasste Verkleidung ihn nicht stören? Oder überlegen Sie einmal, wie es wäre, wenn Sie selbst, ein routinierter Autofahrer, gezwungen wären, das Lenkrad einem blutigen Anfänger zu überlassen? Könnten Sie sich ruhig zurücklehnen und die waghalsigen Manöver dieses unerfahrenen Fahrers einfach ignorieren? Natürlich nicht! Sie könnten es ebenso wenig ertragen wie die Pianistin das verstimmte Klavier oder der Handwerker das windschiefe Gebäude. Wie können wir dann von Gott erwarten, dass er Unehrlichkeit toleriert?

Im Buch der Sprüche lesen wir, dass Gott sieben Dinge hasst: „Überhebliche Augen, eine lügnerische Zunge, Hände, die schuldlose Menschen töten, einen Kopf, der böse Pläne aussheckt, Füße, die auf verbrecherischen Wegen laufen, einen Zeugen, der nicht die Wahrheit sagt, und einen Menschen, der Brüder gegeneinander aufhetzt" (Sprüche 6,16–19). Zwei von diesen sieben Dingen, „die Gott verabscheut", haben etwas mit verbaler Unehrlichkeit zu tun. Gegen diese Sünden wendet sich das neunte Gebot.

In den nächsten drei Andachten sehen wir uns daher drei Arten an, wie man unehrlich oder falsch über andere reden kann – Lügen, Verdrehung der Wahrheit und Übertreibung.

Tag 2

Vom Vater der Lüge

In der Bibel heißt es, dass der Sündenpfuhl des Bösen, das unseren Planeten überflutet hat, mit einer Lüge begann. Als Gott Adam und Eva den Garten Eden anvertraute, verbot er ihnen, von einem bestimmten Baum zu essen: „Sonst musst du sterben" (1. Mose 2,17). Aber dann kam die Schlange, das „klügste von allen Tieren des Feldes, die Gott, der Herr, gemacht hatte", und sagte: „Ihr werdet bestimmt nicht sterben! Aber Gott weiß: Sobald ihr davon esst, werden euch die Augen aufgehen; ihr werdet wie Gott sein und wissen, was gut und was schlecht ist" (1. Mose 3,1.4–5). Den Rest der Geschichte kennen Sie.

Indem der Satan Eva belog, öffnete er der Sünde Tür und Tor. Seither ist er fleißig damit beschäftigt, allen Kindern Gottes irgendwelche Lügen in Herz und Verstand einzuflüstern. Und viele von uns verstricken sich selbst in Lügen – und zwar so sehr, dass wir beginnen, Satans Rolle zu übernehmen. Theoretisch halten wir uns an den Gott der Wahrheit, aber praktisch sind wir auf der Seite Satans. Warum tun wir das?

Manchmal lügen wir, um andere zu beeindrucken. Um uns wichtig zu machen, behaupten wir zum Beispiel, mit wichtigen Persönlichkeiten dick befreundet zu sein, obwohl wir ihnen vielleicht nur einmal begegnet sind. Wir lügen, wenn wir Bewerbungen schreiben, weil wir uns die Stelle angeln wollen. Wir lügen über vergangene Erfolge, um Ansehen zu erwerben.

Manchmal lügen wir auch, um uns zu rächen. Wir sind auf jemanden wütend und erfinden deshalb Gerüchte, die den anderen in Verruf bringen. Manchmal lügen wir aus Profitgier, wie wir es im vorigen Kapitel gesehen haben. Ein anderes Mal lügen wir aus Bequemlichkeit. Wir erfinden Ausreden, um einem anderen nicht helfen zu müssen, wenn wir in Wirklichkeit einfach keine Lust haben, uns einspannen zu lassen. Wir sagen zu, wenn wir auf eine Feier eingeladen werden, obwohl wir gar nicht vorhaben hinzugehen. Wir haben einfach nicht den Mut, Nein zu sagen.

Bei wieder anderen Gelegenheiten lügen wir, um einer Bestrafung zu entgehen. Ich könnte ein ganzes Buch darüber schreiben, welche Lügen Polizeibeamten aufgetischt werden, wenn Menschen ein Knöllchen umgehen wollen. Und welche Eltern könnten nicht eine ellenlange Liste „völlig logischer Erklärungen" vorweisen, die sie schon von Sohn oder Tochter zu hören bekamen, wenn diese zu spät nach Hause gekommen sind? Auch Professoren verbringen unzählige Stunden damit, herzzerreißenden (wenn auch unwahren) Geschichten zuzuhören, aus welchen Gründen eine Hausarbeit nicht rechtzeitig abgegeben werden konnte.

Ja, wir lügen, um Eindruck zu schinden, um uns zu rächen, aus Profitgier, aus Bequemlichkeit und um Strafen zu entgehen. Kurz gesagt: Wir lügen ziemlich oft! Vielleicht liegt das daran, dass wir in einer Gesellschaft leben, in der eine Lüge nicht mehr als ernstes Vergehen betrachtet wird. Wir haben uns daran gewöhnt, Unehrlichkeit mit einem Seufzer und Schulterzucken zu akzeptieren.

Die einzig sichere Methode, dieses Verhaltensmuster zu durchbrechen, besteht darin, ihm radikal den Kampf anzusagen. Jedes Mal, wenn der Heilige Geist uns eine Lüge vor Augen hält, müssen wir zu dem Menschen gehen, den wir belogen haben, und sagen: „Ich gebe es nicht gerne zu, aber ich habe dich angelogen. Ich habe dir nicht die Wahrheit gesagt."

Wenn Sie das jemals getan haben, wissen Sie, wie demütigend diese Erfahrung ist. Und nach zwei, drei Malen wissen Sie auch, dass Sie es sich in Zukunft sehr gut überlegen werden, bevor Sie lügen.

In Anführungszeichen

Die Verdrehung der Wahrheit ist eine subtile Form der Lüge. Wenn wir etwas verdrehen, lügen wir nicht geradeheraus – sondern verfälschen einfach die Wahrheit. Und eine der häufigsten Formen der Verdrehung ist, das, was jemand gesagt hat, falsch wiederzugeben.

Es ist ganz einfach, den Ruf eines Menschen zu ruinieren, indem man ihn falsch zitiert. Ich habe selbst schon oft erlebt, dass jemand in meinem Büro stand und sich fürchterlich über etwas aufregte, das ich angeblich gesagt hatte. Immer wieder muss ich mich gegen solche Verleumdungen verteidigen. Gelegentlich musste ich sogar ein Band mit der entsprechenden Predigt abspielen, um zu beweisen, dass ich das, was mir vorgeworfen wurde, nicht gesagt hatte. Einmal berichtete ich während einer Spendenaktion öffentlich, ein anonymer Spender habe versprochen, die gleiche Summe, die wir zusammenbekämen, noch einmal draufzulegen, vorausgesetzt, es seien nicht mehr als 500.000 Dollar. Daraufhin kam in unserer Gemeinde das Gerücht auf, ein Unbekannter hätte viel Geld gespendet und dieser Spender hätte enge Verbindungen zu einer Sekte. Sie sehen, wie lächerlich – und schädlich – diese Verdrehung der Wahrheit war. Nicht nur, dass man mir die Worte im Mund herumgedreht hatte, zudem hatte man noch unbedachte und falsche Schlussfolgerungen gezogen.

Wir verzerren die Worte von bekannten Persönlichkeiten, Nachbarn, Chefs, Angestellten, Freunden, Ehepartnern und sogar Gottes Worte. Im Brief an die Galater warnt Paulus jene, die „die Gute Nachricht von Christus in ihr Gegenteil verkehren" wollen (Galater 1,7). Es ist eine Sache, die Worte anderer Menschen zu verfälschen, aber die Worte Gottes zu verdrehen, ist noch etwas ganz anderes. Paulus weist ganz klar darauf hin, dass Menschen, die so etwas tun, „verflucht" sein sollen (Galater 1,8). Trotzdem kommt es immer wieder vor, dass Männer und Frauen die Wahrheit missbrauchen. Mormonen, Zeugen Jehovas und viele andere Gruppierungen verdrehen die Aussagen der Bibel oder reißen sie aus ihrem Kontext, um ihre Ausführungen zu belegen. Sie stellen eine Mischung aus Wahrheit, Halbwahrheit und Unwahrheit zusammen und basteln sich daraus ihre eigene Religion.

Doch es sind nicht nur die Sektierer, die das Wort Gottes verdrehen. Auch manche Christen biegen sich die Bibel so zurecht, wie es ihnen passt. In manchen Teilen Amerikas verteidigen Christen die Rassentrennung mit demselben Buch, in dem es heißt: „Es hat darum auch nichts mehr zu sagen, ob ein Mensch Jude ist oder Nichtjude, ob im Sklavenstand oder frei, ob Mann oder Frau. Durch eure Verbindung mit Jesus Christus seid ihr alle zu einem Menschen geworden" (Galater 3,28).

Andere verwenden die Worte Jesu, um Unterdrückung zu rechtfertigen. Sie behaupten, Jesu Aussage, „Arme wird es immer bei euch geben" (Matthäus 26,11), befreie uns von der Verantwortung, uns um die Bedürftigen und Benachteiligten zu kümmern. Sie reißen einen Vers aus dem Zusammenhang und missbrauchen ihn, um alles andere, was Jesus – und die ganze Bibel – über die Armen sagt, unter den Tisch fallen zu lassen.

Unabhängig davon, ob es die Worte anderer Menschen oder Aussagen der Bibel sind, die wir zitieren – wir müssen diese Worte vorsichtig und korrekt verwenden. Falsch zu zitieren und Aussagen aus dem Zusammenhang zu reißen ist nichts anderes als eine subtile Form der Lüge. Lassen Sie es!

Tag 4

Harmlose Übertreibung?

Übertreibung ist für gewöhnlich harmlos, aber sie kann gefährlich werden, wenn man sie zu zerstörerischen Zwecken einsetzt. Ein Ehemann sitzt im Büro eines Seelsorgers und sagt: „Meine Frau will *nie* mit mir zu wichtigen geschäftlichen Anlässen gehen." Seine Frau erwidert: „Du demütigst mich ja auch *immer* in aller Öffentlichkeit." Der Mann entgegnet: „Du interessierst dich *überhaupt nicht* für meine Bedürfnisse." Die Frau wirft ihm vor: „Du bist *immer* viel zu beschäftigt, um mir zuzuhören." Übertreibung polarisiert ein Gespräch und verhindert konstruktive Kommunikation.

Übertreibung gibt es selbst in christlichen Kreisen. Die Musikgruppe unserer Gemeinde hat oft Mühe, eine Auswahl an Liedern zusammenzustellen, weil so viele von diesen die Wahrheit überzeichnet darstellen. Sie stellen das Leben als Christ so dar, als sei man ständig auf Rosen gebettet und als sei immer alles eitel Sonnenschein. Sie vermitteln den Eindruck, als würden Christen irgendwie vor Tragödien und Enttäuschungen, Problemen und Not bewahrt. Das ist eine Lüge, und zwar eine, die Nichtgläubige sofort durchschauen.

Subtile Lügen wie diese tauchen selbst in Zeugnissen auf. Der junge Mann, der gelegentlich einen Joint rauchte, bevor er Christ wurde, behauptet jetzt, er hätte 400 Dollar am Tag für Drogen ausgegeben. Natürlich hat er die Wahrheit damit überstrapaziert, aber das Zeugnis wird so erst richtig dramatisch! Oder eine Frau erzählt, dass ihr Leben einsam und leer gewesen sei, bevor sie Christin wurde. Doch dann sei sie Jesus begegnet, der alle ihre Probleme gelöst habe. Jetzt spüre sie jederzeit seine Gegenwart und sei immerzu von Freude erfüllt. Sie sei zuversichtlich, dass sie Großes erreichen könne. Gott überschütte sie mit Segen!

Ja, Gott segnet uns reichlich, aber wir verlieren unsere Glaubwürdigkeit, wenn wir diesen Segen übertrieben darstellen und ein Paradies schildern, das es nicht gibt.

Das Spendensammeln ist eine Kunst, die von der Praxis des Übertreibens ebenfalls zu profitieren scheint. Christliche Fernsehprediger stellen ihre finanziellen Bedürfnisse gelegentlich überspitzt dar, um die Menschen zu mobilisieren. „Dies wird unsere letzte Sendung sein", klagen sie, „wenn Sie nicht reagieren. Innerhalb einer Woche müssen wir unsere Rechnungen bezahlen. Wenn wir das nicht schaffen, verlieren wir unseren Sendeplatz. Es hängt von Ihnen ab!" Manchmal sind solche Aufrufe natürlich berechtigt; aber in anderen Fällen hat eine Überprüfung der Bücher sie als Lügen entlarvt. Es gab Organisationen, die eine finanzielle Notlage vorgetäuscht haben, obwohl sie Millionen von Dollar übrig hatten. Wie traurig muss Gott darüber sein! Christliche Organisationen haben die Pflicht, ihre finanzielle Situation ehrlich darzustellen.

Jakobus sagt uns: „Euer Ja muss ein Ja sein und euer Nein ein Nein" (Jakobus 5,12). Statt uns in Superlative zu verstricken, sollten wir seinen Rat ernst nehmen und so reden, dass andere unsere Worte für bare Münze nehmen können, in der Gewissheit, dass diese Worte die Wahrheit richtig und objektiv wiedergeben.

Tag 5

Die Wahrheit erkennen

Es ist von entscheidender Bedeutung, dass wir mit Wahrheiten grundsätzlich richtig umgehen. Ebenso wichtig ist, dass wir mit *der* Wahrheit – der letztgültigen Wahrheit des Evangeliums – richtig umgehen. Aber vielleicht haben manche von Ihnen, die Sie dieses Buch lesen, die Wahrheit der Guten Nachricht von Jesus Christus noch nie gehört. Aus diesem Grund möchte ich sie hier gerne wiedergeben, und zwar in Form von vier entscheidenden Wahrheiten, die wir alle kennen sollten.

Die erste Wahrheit ist, dass wir alle moralische Versager sind. Das ist nicht meine Meinung und noch nicht einmal die Meinung der ersten Christen und Kirchenväter. Es ist eine Wahrheit, die Gott selbst festgestellt hat (Römer 3,23). Und es ist eine Wahrheit, mit der jeder von uns sich persönlich auseinandersetzen muss. Gleichgültig, wie „gut" wir im Vergleich mit anderen dastehen – wir alle können Gottes vollkommenen moralischen Maßstäben bei weitem nicht gerecht werden.

Wie ich in einem früheren Kapitel bereits erwähnte, ist das Gesetz im Markusevangelium mit den Worten zusammengefasst: „Das wichtigste Gebot ist dieses: Höre, Israel! Der Herr ist unser Gott, der Herr und sonst keiner. Darum liebe ihn von ganzem Herzen und mit ganzem Willen, mit ganzem Verstand und mit aller Kraft. Das zweite ist: Liebe deinen Mitmenschen wie dich selbst! Es gibt kein Gebot, das wichtiger ist als diese beiden" (Markus 12,29–31). Nachdem ich diese Worte heute Morgen gelesen hatte, musste ich niederknien und Gott bekennen, dass ich ihn nicht so liebe, wie ich es eigentlich sollte. Und seinem Wort gehorche ich auch nicht so, wie ich es tun sollte. Und das trifft auf uns alle zu.

Die zweite entscheidende Wahrheit ist, dass wir irgendwann einmal in der strahlenden Herrlichkeit des heiligen Gottes stehen werden. Dann werden alle unsere Täuschungen und Vertuschungen als das zu erkennen sein, was sie wirklich sind. Jede kleine Sünde wird wie ein hässlicher Fleck zu sehen sein. Derzeit können wir die Wahrheit über uns selbst vielleicht noch verbergen, aber eines Tages wird der Zustand unserer Seele schmerzlich offenbar werden.

Die dritte entscheidende Wahrheit ist, dass Menschen, die nicht umkehren, dazu verurteilt sind, die Ewigkeit getrennt von Gott zu verbringen. Auch das habe ich mir nicht ausgedacht. Und ich wünschte, ich müsste nicht darüber reden. Aber in der Bibel wird deutlich gesagt, dass es so ist. Reulose Sünder werden von Gott für immer getrennt sein und an einem Ort bleiben, wo das Böse seinen ganzen ungehemmten Schrecken verbreiten kann (Offenbarung 20,15).

Die vierte entscheidende Wahrheit ist, dass jene, die ihre Sündhaftigkeit bekennen und Jesus Christus bitten, ihnen zu vergeben und ihr Herr und Retter zu werden, dem Höllenurteil entkommen und in das himmlische Königreich gelangen werden.

Satan hört diese Wahrheit natürlich nicht gerne. Deshalb kontert er jedes Wort der Wahrheit mit Lügen – die klingen vielleicht ausgesprochen gut, sind aber trotzdem Lügen. Zu Eva sagte Satan beispielsweise, sie werde sein wie Gott. Und war sie es? Er sagte auch, sie werde niemals sterben. Und ist sie gestorben?

Die Bibel macht deutlich, dass wir die Wahrheit über uns selbst zugeben müssen – nämlich, dass wir Sünder sind. Dann müssen wir unsere Sünden bereuen und uns nach der Gnade und Barmherzigkeit Jesu Christi ausstrecken. Das ist unsere einzige Hoffnung.

Haben Sie das bereits getan? Wenn nicht, denken Sie bitte gut über das Evangelium der Wahrheit nach. Und antworten Sie dann auf diese Einladung.

Neunte Woche

Standortbestimmung

Nehmen Sie sich am Ende dieser Woche etwas Zeit, um darüber nachzudenken, in welcher Weise diese Andachten Sie angesprochen haben. Welche geistlichen Erkenntnisse haben Sie beispielsweise gewonnen? Welche praktischen Umsetzungsmöglichkeiten sind Ihnen eingefallen? Wie werden sich Ihre Einstellung bzw. Ihr Verhalten aufgrund dessen wahrscheinlich verändern?

Nutzen Sie Ihre Antworten als „Aufhänger" für ein geistliches Tagebuch oder als Themen für Ihre Gebetszeiten. Auf diese Weise können Sie Ihr geistliches Wachstum festhalten, während Gottes Wille in Ihrem Leben Gestalt annimmt.

Kurz nachgedacht

1. Auf welche Weise achten Sie persönlich darauf, wahrhaftig zu sein, vor allem, wenn andere keine Gedanken an Glaubwürdigkeit verschwenden?
2. Lesen Sie 2. Mose 20,16. Was bedeutet es, „falsches Zeugnis abzulegen" (Luther)? Welche Umstände verführen Sie zum Lügen?
3. Lesen Sie 1. Mose 2,17 und 3,1.4–5, in denen es darum geht, wie Satan Gottes Wahrheit verdrehte, um Adam und Eva zu hintergehen. Jesus nennt Satan den „Vater der Lüge" (Johannes 8,44; Luther). Was sagt dieser Name über Satan aus?
4. Es gibt zwei subtile Formen der Lüge, die man oft durchgehen lässt: Verdrehung und Übertreibung. Welche Beispiele für Verdrehung und Übertreibung können Sie aus Ihrer Erfahrung anführen?

5. Lesen Sie Römer 7,14–25. Wir alle sind hin und wieder versucht, unsere kleinen Betrügereien zu verschleiern. Was lernen wir aus diesem Abschnitt des Römerbriefes darüber, wie man ein wahrhaftigerer Mensch wird?
6. Was würden Ihre Familie und engen Freunde sagen, wenn man sie fragen würde, für wie ehrlich sie Sie halten?

Für das persönliche Gebet

- Danken Sie Gott dafür, dass er selbst die Wahrheit ist und dass ihn zu kennen bedeutet, die Wahrheit zu kennen.
- Bekennen Sie – in dem Wissen, dass Unehrlichkeit Gottes Wesen zutiefst widerspricht – die Gelegenheiten, bei denen Sie gedankenlos mit der Wahrheit umgegangen sind oder absichtlich betrogen haben.
- Bitten Sie den Heiligen Geist, den „Geist der Wahrheit", Sie zu segnen, während Sie sich darum bemühen, eine wahrheitsliebendere Person zu werden.
- Befassen Sie sich in dieser Woche während Ihrer Stillen Zeit mit den folgenden Versen zum Thema „Wahrheit": Psalm 119,160; Johannes 8,32; Römer 1,25; Philipper 1,18. Halten Sie Ihre Erkenntnisse in dem unten stehenden Abschnitt fest.

Meine persönlichen Erkenntnisse ...

Zehnte Woche

Strebe nach Zufriedenheit!

„Du sollst nicht versuchen, etwas an dich zu bringen,
das deinem Mitmenschen gehört,
weder seine Frau noch seinen Sklaven oder seine Sklavin,
sein Rind oder seinen Esel noch irgendetwas anderes,
das ihm gehört.“
2. Mose 20,17

Das Thema dieser Woche:
Habgier hat weitreichende Auswirkungen auf die Personen,
die habgierig sind, sowie auf ihre Beziehungen zu Gott
und ihren Mitmenschen.

Was ist Ihre Schwäche?

Mein Vater kaufte jedes Jahr ein neues Auto, fuhr damit etwa 65.000 Kilometer, ohne auch nur einmal das Öl wechseln oder eine Inspektion machen zu lassen, und tauschte es dann bei seinem Ford-Händler gegen einen Neuwagen ein.

Jedes Jahr sagte der Ford-Händler: „Wie sieht's aus, Harold, kann ich Sie diesmal für ein paar Extras interessieren?"

„Ich brauche nur eine Heizung", antwortete mein Vater jedes Mal.

„Und wie ist es mit der Farbe?", fragte dann der Händler.

„Billig", lautete die Antwort. „Die Farbe ist egal, Hauptsache, sie ist billig. Ich mag billige Farben."

Selbst die Kleidung meines Vaters spiegelte seine gleichgültige Haltung gegenüber materiellen Dingen wider. Einmal trug er zehn Jahre lang immer nur schwarze Tuchhosen und weiße Hemden. Und seine Schuhe kaufte er palettenweise – alle in derselben Form und Farbe. Wenn jemand darüber Witze riss, entgegnete er: „Eine Entscheidung weniger, die ich treffen muss. Ich mache den Kleiderschrank auf und nehme das Hemd und die Hose am Ende der Stange. Ich muss nicht lange überlegen. Es gibt kein Hin und Her. Das gefällt mir." Er war schrecklich diszipliniert und überhaupt nicht an Schnickschnack interessiert und ihm war eigentlich alles gleichgültig … außer, wenn es um seine *Harley Davidson* ging.

Nachdem er zum ersten Mal den Nervenkitzel erlebt hatte, mit einem PS-starken Motorrad die Straße hinunterzusausen, hatten wir innerhalb von zwei Jahren sechs von den Dingern in der Garage stehen – zwei große Maschinen für meinen Vater, jeweils eine für meinen Bruder und mich und Modelle für meine Schwestern!

Einmal fragte ein enger Freund meines Vaters ihn, ob er sich die *Harley* für einen kurzen Trip ausleihen könne. Mein Vater genoss den Ruf, mit seinem Besitz sehr großzügig zu sein, deshalb erwartete der Mann – ein erfahrener Biker – keine Schwierigkeiten. Doch auf seine Bitte folgte peinliches Schweigen.

Schließlich sagte mein Vater: „Du kannst in meinem Haus schlafen, du kannst mit meinem Auto fahren, du kannst mein Segelboot haben, mein Flugzeug fliegen – aber bitte, bitte frag mich nicht, ob du dir die ‚Harley' ausleihen kannst!"

Die Leidenschaft des Besitzens

Ich glaube, die meisten von uns sind ein wenig so wie mein Vater. Wir haben eine kleine Schwäche. Diese kann ein Motorrad sein oder ein Haus, ein Boot, Kleidung, Bücher, Briefmarken, Schmuck, Möbel, Kunst, Musik, Pferde usw., aber die meisten von uns haben eine Schwäche, und gelegentlich gehen unsere Wünsche mit uns durch. Ich glaube nicht, dass ich jemals einen Menschen getroffen habe, der nicht hin und wieder damit kämpft, seine Leidenschaft, etwas zu besitzen, unter Kontrolle zu halten.

Im zehnten Gebot warnt Gott uns vor dieser Leidenschaft, etwas besitzen zu wollen. Er sagt, dass wir uns vor unverhältnismäßigen Wünschen in Acht nehmen sollen, die uns dazu ermutigen, Dinge zu begehren.

Mit Begehren ist der umfassende Zwang gemeint, etwas zu besitzen. Es ist mehr als das Bewundern einer Sache. Wir können natürlich einen Gegenstand wegen seiner Schönheit, seiner Qualität oder Funktionalität bewundern – und dieser Wertschätzung auch offen Ausdruck verleihen –, ohne ihn besitzen zu wollen. Aber es ist ein großer Unterschied, ob ich sage: „Ich finde das toll!", oder ob ich sage: „Das muss ich auch haben!" Wenn wir etwas begehren, beschließen wir, nicht eher zu ruhen, als bis wir es in unseren Besitz gebracht haben. Welche Dinge sind das bei Ihnen?

Tag 2

Ich will alles!

Noch nie zuvor in der Geschichte waren Menschen so von dem Wunsch getrieben, Dinge zu besitzen, wie es heute der Fall ist. Die Marketingforschung ist ein Milliardengeschäft. Tausende von Menschen arbeiten alleine in den USA über 40 Stunden in der Woche daran, neue Wege zu finden, wie sie unsere Kaufmechanismen anregen können. Sie verwenden Musik, Werbeslogans, Bilder, Klänge und Farben, um unsere Besitzleidenschaft anzuregen. Oft spielen sie auch mit unseren Ängsten, mit nostalgischen Gefühlen, Stolz, sexueller Erregung, Eifersucht oder einer anderen starken Emotion. Letztendlich besteht ihr Ziel darin, unsere Selbstbeherrschung so lange auszuhöhlen, bis wir beschließen, dass wir ihr Produkt „unbedingt haben müssen". Sie verführen uns dazu, Dinge zu begehren.

Die Werbebranche ist aber nicht die einzig Schuldige. Manager locken Hersteller oder Vertriebsleute manchmal mit attraktiven Anreizen, um sie zu Höchstleistungen anzustacheln. „Denken Sie nur an den Karibikurlaub", sagen sie. „Oder die Golftour in Schottland. Oder an die Provisionszulagen." Manche Vertriebsunternehmen ermutigen ihre Mitarbeiter sogar, sich Bilder von sehnlich erträumten Gegenständen an den Kühlschrank, die Pinnwand oder den Badezimmerspiegel zu heften. Man hofft, dass diese ständige Erinnerung an die eigenen Wünsche sie motiviert, noch mehr zu verkaufen.

Natürlich sind nicht alle Motivationsmaßnahmen schlecht. Aber wenn es letztlich darum geht, dass die Angestellten so auf ihre Wünsche fixiert sind, dass sie wichtigere Werte zugunsten höherer Gewinne über Bord werfen, dann sind diese Leistungsanreize falsch. Jedes Programm, jede List und jede Werbung, die bewusst Begehrlichkeiten weckt, ist ein Werkzeug, mit dem Satan uns von geistlichen Dingen ablenken kann.

Paulus schrieb an die Gemeinde in Kolossä: „Wenn ihr nun mit Christus auferweckt seid, dann orientiert euch nach oben, wo Christus ist! Gott hat ihm den Ehrenplatz an seiner rechten Seite gegeben. Richtet also eure Gedanken nach oben und nicht auf die irdischen Dinge!" (Kolosser 3,1–2). Und Vers 3 schließt mit den Worten, dass uns diese Welt genauso wenig bedeuten soll wie einem Toten: „Ihr seid doch gestorben, und euer Leben ist mit Christus bei Gott verborgen."

Diese Vorstellung ergibt für mich Sinn. Es erscheint mir logisch, dass diejenigen unter uns, die Christus wirklich als ihren Herrn angenommen haben und ihr Augenmerk ganz auf ihn richten, eine eher distanzierte Einstellung zu materiellen Dingen haben sollten. Uns muss klar sein, dass sie zwar ein notwendiger Teil unseres irdischen Lebens sind, aber letztendlich keine wirkliche Bedeutung besitzen.

Warum sollten wir, die wir zu einem geistlichen Leben wiedergeboren wurden, uns von aus dem Ruder laufenden Wünschen beherrschen lassen? Warum sollten wir unsere Gedanken auf Gegenstände richten, die rosten, verrotten und an Wert verlieren? Wir sind Männer und Frauen, die als Ebenbilder Gottes geschaffen sind. Wir sind aufgefordert, anderen die Botschaft der Versöhnung zu überbringen. Wir wurden erschaffen, um Ziele zu erreichen, die ewig Bestand haben. Wenn wir jedoch unsere Gedanken auf vergängliche Annehmlichkeiten und zeitlich begrenzte Ziele richten, werden wir unserer privilegierten Stellung nicht gerecht.

Tag 3

„*Ich will das, was du hast!*"

In der Oberstufe habe ich Basketball gespielt – nicht besonders gut, aber mit großer Begeisterung. Ich erinnere mich noch daran, wie ich auf der Reservebank saß und mir ganz gezielt wünschte, unser erster Verteidiger würde sich verletzen, sodass ich spielen könnte. Sie können sich sicher vorstellen, wie meine Beziehung zu diesem Jungen aussah. Ich beneidete ihn um seine Fähigkeiten und um die Chancen, die er erhielt. Jedes Mal, wenn ich ihn ansah, hatte ich nur einen Gedanken: *Ich will deinen Platz in der Mannschaft!*

Wollten Sie schon einmal den Job eines anderen haben? Haben Sie sich jemals dabei ertappt, dass Sie sich wünschten, dieser Kollege würde einen wichtigen Abgabetermin verpassen oder einen Kunden verlieren, sodass Sie ihn aus seiner Position verdrängen können? Haben Sie schon mal versucht, diesem Menschen das Leben schwerzumachen oder ihn mit unfairen Anforderungen unter Druck zu setzen? Mit anderen Worten: Haben Sie sich jemals von Wünschen dazu verleiten lassen, Pläne zu machen, wie Sie das Gewünschte erlangen können?

Oder haben Sie jemals den Ehepartner eines anderen Menschen begehrt? Haben Sie vielleicht sogar mit dieser Person geflirtet? Haben Sie schon einmal unschmeichelhafte Vergleiche angestellt, wenn Sie sich über Ihren eigenen Partner geärgert haben? Oder haben Sie heimlich etwas getan, um die Ehe eines Freundes zu gefährden?

Wenn man etwas begehrt, das einem anderen gehört, ist das aus zwei Gründen ein schweres Vergehen. Erstens zeigt es unseren Mangel an Liebe für unseren Nachbarn, Verwandten, Freund oder wer auch immer das hat, was wir haben wollen. Wenn wir unsere Zuneigung auf ein Erbe richten, nehmen wir dem Menschen unsere Liebe weg, der es uns vermacht. Wenn wir die Frau unseres Nachbarn als Objekt der Begierde sehen, wird der Nachbar selbst zum Objekt unserer Geringschätzung. Wenn wir Pläne schmieden, um die Stelle eines Kollegen zu ergattern, offenbaren wir unser hartes, gefühlloses Herz. Wenn wir einem anderen Menschen Krankheit, Unfall oder Unglück wünschen, machen wir ganz deutlich, dass wir uns nur für einen Menschen interessieren – nämlich uns selbst. Wenn wir begehren, was einem anderen gehört, dann verdrängen wir den rechtmäßigen Eigentümer. In Gedanken kicken wir ihn aus dem Spiel, aus dem Job oder aus der Ehe.

Das Eigentum eines anderen Menschen haben zu wollen ist auch deshalb ein ernsthaftes Vergehen, weil es unsere Unzufriedenheit mit dem zeigt, was Gott uns schenkt. Insgeheim sagen wir: „Gott, du bist nicht fair zu mir. Ich verdiene einen netteren Ehemann oder einen besser bezahlten Job oder ein größeres Haus oder mehr Ansehen. Du hast mich übers Ohr gehauen. Du schuldest mir noch was!" Auch wenn wir diese Gedanken wahrscheinlich nie in Worte fassen würden und sie uns vielleicht nicht einmal bewusst sind, liegen sie jedem begehrlichen Gedanken, Wort und Tun zugrunde. Sie sind genau genommen die Grundlage eines habgierigen Lebensstils. Wollen wir gemeinsam versuchen, diese unschöne Lebensform zu vermeiden?

„Ich habe gelernt ...“

Es gibt eine Alternative zu einem habgierigen Lebensstil – nämlich das zufriedene Leben.

Klar, denken Sie jetzt, *genau das will ich: wie ein Faultier rumzuhängen. Keine Action. Kein Ehrgeiz. Kein Antrieb. Sicher. Soll die Welt doch an mir vorbeiziehen. Ich bin zufrieden!*

Dies mag eine zutreffende Beschreibung des sprichwörtlichen Faultier-Lebensstils sein, aber mit der Wirklichkeit eines zufriedenen Lebensstils hat es nichts zu tun. Zufriedenheit ist nicht passiv. Sie bedeutet nicht Abwesenheit von Ehrgeiz. Und ganz sicher ist sie kein Synonym für Faulheit. Sie ist einfach ein Zustand des Herzens.

Man kann vergleichsweise arm und trotzdem zufrieden sein. Man kann sehr reich und zufrieden sein. Und man kann irgendwo dazwischenliegen und zufrieden sein. Paulus formuliert es so: „Ich sage das nicht, weil ich in Not war. Ich habe gelernt, in jeder Lage zurechtzukommen und nicht von äußeren Umständen abhängig zu sein: Ich kann Not leiden, ich kann im Wohlstand leben; mit jeder Lage bin ich vertraut. Ich kenne Sattsein und Hungern, ich kenne Mangel und Überfluss“ (Philipper 4,11–12).

Zufriedenheit ist Welten vom habgierigen Lebensstil entfernt. Anders als der begehrende Mensch, der glaubt, Gott habe ihn zu kurz kommen lassen, ist der zufriedene Mensch Gott dankbar für das, was er hat. Er betet Gott an, unabhängig davon, ob dieser ihn reich oder weniger reich gesegnet hat. Der zufriedene Mensch weiß, dass er, wenn er Christus eingeladen hat, sein Herr und Erlöser zu sein, alles besitzt, was er braucht – und weit mehr, als er verdient.

Ich brauche nur in diesem Buch zurückzublättern, um herauszufinden, was ich in Wahrheit verdiene. Ich habe jedes der

Zehn Gebote in irgendeiner Form übertreten und verdiene deshalb den ganzen Zorn Gottes. Den habe ich verdient und sonst nichts.

Aber was hat Gott mir gegeben? Er hat mir Gesundheit, ein Zuhause, Familie und Freunde geschenkt. Er hat mir Vergebung, Erlösung und die Verheißung des ewigen Lebens geschenkt. Er hat mir eine Aufgabe gegeben. Er schenkt mir Tag für Tag seine Gegenwart. Wie kann ich es da wagen, noch mehr zu verlangen?

Ich sollte mich eher fragen, warum ich *so viel* habe. Angesichts dessen, wer ich bin und wie ich Gottes Gebote übertreten habe, ist es doch erstaunlich, dass er mich überhaupt mit etwas gesegnet hat, oder? Dass er es getan hat, ist darauf zurückzuführen, dass wir einen gnädigen Gott haben. Wenn wir versucht sind, die Faust im Zorn gegen ihn zu erheben und zu sagen: „Warum hast du Thomas oder Katharina mehr gesegnet als mich?", sollten wir besser innehalten und unser Verhalten bereuen. Immerhin ist er ein echter Fachmann, wenn es darum geht, seinen Kindern weitaus mehr zu geben, als sie verdienen.

Tag 5

Habgierig oder zufrieden?

Der zufriedene Mensch hat nicht nur geöffnete Hände, sondern auch offene Arme – Arme, die einen Bruder oder eine Schwester umarmen und sich über ihr Glück freuen können. Stellen Sie sich vor, ein Freund von Ihnen hat ein Haus gekauft oder Ihre Nachbarin eine neue Küche bekommen oder Ihr Kollege wird befördert oder Ihr Schwager erntet die Früchte einer cleveren Investition. Wenn Sie ein habgieriger Mensch sind, werden Sie neidisch und wütend. Dann können Sie sich nicht über das Glück des anderen freuen. Wenn Sie hingegen ein zufriedener Mensch sind, werden Sie zu Ihrem Bekannten sagen: „Ich bin sicher, du wirst dich in deinem Haus sehr wohl fühlen." Und zu Ihrer Nachbarin: „Karin, deine neue Küche sieht toll aus!" Und zu Ihrem Kollegen: „Ich wünsche Ihnen viel Erfolg bei Ihrer neuen Stelle." Und zu Ihrem Schwager: „Wirklich klasse! Da freu ich mich für dich!"

Der zufriedene Mensch ist frei, sich zu freuen, wenn ein anderer gewinnt – und zu weinen, wenn jemand einen Verlust erleidet. Paulus sagt: „Wenn irgendein Teil des Körpers leidet, leiden alle anderen mit. Und wenn irgendein Teil geehrt wird, freuen sich alle anderen mit" (1. Korinther 12,26). Wenn der Basketballstar, auf dessen Position Sie gerne spielen würden, sich verletzt, freuen Sie sich dann über diesen „Glücksfall", oder fühlen Sie seine Enttäuschung mit? Wenn ein Bekannter Insolvenz anmelden muss, brüsten Sie sich dann mit Ihren eigenen „unternehmerischen Fähigkeiten", oder machen Sie sich darüber Gedanken, wie Sie ihm helfen können? Lachen Sie über die Frau, die weint, oder weinen Sie mit ihr?

Der habgierige Mensch träumt davon, sich Dinge zu nehmen. Der zufriedene Mensch träumt davon, Dinge zu teilen. Der Habgierige hält alles, was er hat, in der geschlossenen

144

Faust, weil er Angst davor hat, dass andere es ihm nehmen könnten. Der Zufriedene hält das, was er hat, in der offenen Hand und umarmt andere.

Wie schön wäre es, wenn wir alle die Freude des zufriedenen Lebens erfahren könnten. Wir sind körperliche, materielle Wesen und haben deshalb auch körperliche, materielle Bedürfnisse. Aber wenn wir diese Bedürfnisse in der richtigen Relation zu unserem Leben sehen und unsere Gedanken auf Jesus Christus richten und seine Gaben mit einem dankbaren Herzen annehmen, dann können wir die Freude eines zufriedenen Lebens erfahren.

Paulus sagt, dass das Gesetz „unser Aufseher" war, „wie der Sklave, der die Kinder mit dem Stock zur Ordnung anhält" (Galater 3,24). Mit anderen Worten: Das Gesetz führt uns unser falsches Verhalten vor Augen, damit wir erkennen, dass wir einen Erlöser brauchen. Wenn die Lektüre dieses Buches für Sie eine schwierige und frustrierende Erfahrung war, kann es sein, dass das Gesetz genau das erfolgreich getan hat, was es tun soll – nämlich Sie in die Knie zu zwingen, damit Sie demütig bereuen.

Wenn das auf Sie zutrifft, dann zögern Sie nicht! Jesus ist nur ein Gebet weit entfernt. Wenn Sie Ihre Sünden gleich jetzt bekennen, wird er Ihnen vergeben, in Ihr Leben treten und sein gutes Werk in Ihnen beginnen, das für den Rest Ihres Lebens andauern wird. Sein Heiliger Geist wird Sie so verändern, dass Sie in ein paar Jahren zurückblicken und sagen werden: „Ich bin ein anderer Mensch geworden. Ich übertrete Gottes Gebote gelegentlich noch immer, aber ich weiß, dass ich auf dem richtigen Weg bin. Ich verändere mich. Und ich bin endlich frei!"

Zehnte Woche

Standortbestimmung

Nehmen Sie sich am Ende dieser Woche etwas Zeit, um darüber nachzudenken, welche Wirkung diese Andachten auf Sie hatten. Welche geistlichen Erkenntnisse haben Sie zum Beispiel gewonnen? Welche praktischen Umsetzungsmöglichkeiten sind Ihnen eingefallen? Wie werden sich Ihre Einstellung bzw. Ihr Verhalten aufgrund dessen wahrscheinlich verändern?

Nutzen Sie Ihre Antworten als „Aufhänger" für ein geistliches Tagebuch oder als Themen für Ihre Gebetszeiten. Auf diese Weise können Sie Ihr geistliches Wachstum festhalten, während Gottes Wille in Ihrem Leben Gestalt annimmt.

Kurz nachgedacht

1. Haben Sie schon einmal den Job, den Ehepartner, das Auto usw. eines anderen begehrt? War es Ihnen bewusst, dass Sie etwas begehren? Was sind Ihre größten materiellen Leidenschaften?

2. Lesen Sie 2. Mose 20,17. Was bedeutet es, etwas oder jemanden zu „begehren" (Luther)? Mit welchen Mitteln ermutigt unsere Gesellschaft Sie, Dinge zu begehren?

3. Inwiefern können Sie durch bestimmte Arten der Motivation in anderen Menschen Begehrlichkeiten wecken? (Beispiel: Sie wollen, dass Ihr Kind mehr für die Schule tut, und sagen deshalb zu ihm: „Gute Noten, gute Uni, guter Job und schönes Haus – das gehört zusammen. Also setz dich gefälligst auf deinen Hosenboden und lerne!")

4. Lesen Sie Prediger 4,4. Inwiefern kann diese Erkenntnis Sie dazu veranlassen, Ihr Geschäftsgebaren oder Ihre Beziehungen zu anderen neu zu überdenken?

5. Oft ist die Rede von bestimmten „Rechten", die man als Mensch hat. Menschenrechte können Menschen ein Gefühl der Würde vermitteln. Aber wenn wir so tun, als hätten wir das Recht, bestimmte Dinge zu besitzen oder wie jemand anderes zu sein, dann sagen wir Gott damit eigentlich, dass er uns etwas schuldet. Was, meinen Sie, könnte Gott uns schulden?

Für das persönliche Gebet

- Denken Sie diese Woche in Ihrer Stillen Zeit über die Lehren aus Kolosser 3,1–4 und Philipper 4,11–12 nach.
- Lesen Sie laut die Verse in Lukas 10,18–20. Denken Sie darüber nach, wie Ihre Beziehung zu dem lebendigen Gott Ihren Blick weniger auf das richtet, was Sie tun, sondern mehr zu dem, wer Sie als sein Kind sind.
- Beenden Sie Ihre Gebetszeit damit, dass Sie Hiob 1,21 laut lesen. Danken Sie Gott für die befreiende Wahrheit dieser Verse.

Meine persönlichen Erkenntnisse ...

⋯⟩ Wie ist Gott wirklich?

Bill Hybels:
Der Gott, den du suchst

Taschenbuch, 220 Seiten
Bestell-Nr. 816 817

Suchen Sie nach Gott? Nach einem Gott, der in Ihrem Leben wirklich etwas bewegt? Oder sind Sie von dem Gott, den Sie kennen, enttäuscht?

Ganze Bibliotheken quellen über von den menschlichen Versuchen, sich diesem Gott anzunähern. Doch wie ist Gott wirklich, wenn man all die Missverständnisse, Lügen und Rätsel wegstreicht, die sich in Laufe der Jahrhunderte um ihn gebildet haben? Das wahre Wesen Gottes zu entdecken hat nichts mit trockener Theologie zu tun: Die Begegnung mit ihm kann Ihr ganzes Leben verändern!

Dieses Buch handelt von dem Gott, den Sie suchen. Von dem Gott, der wirklich existiert und dessen Wesen kein wohl gehütetes Geheimnis ist. Von dem Gott, der sich leidenschaftlich danach sehnt, Ihnen zu begegnen. Lassen Sie sich mit all Ihren Fragen, Verletzungen und Zweifeln auf dieses Buch ein. Sie werden es nicht bereuen ...

⋯⋗ Für ein „aufgeräumtes" Leben.

Gordon MacDonald:
Ordne dein Leben
Perspektiven für den Umgang
mit dem Leben und der Zeit

Paperback, 220 Seiten
Bestell-Nr. 816 075

In unserer hektischen Zeit sind Themen wie Zeitplanung und
ein geordnetes Leben aktueller denn je. Das vorliegende Buch
bietet viel mehr als nur eine Neuordnung unseres Umgangs
mit Zeit: Es fordert dazu heraus, uns mit der verborgenen Welt
unseres Innenlebens auseinanderzusetzen, und es zeigt, wie
eine tiefe Beziehung zu Gott Ordnung in alle Lebensbereiche
bringen kann.

Gordon MacDonald leitet den Leser an, seine Herzens-
beziehung zu Gott zu überprüfen, über die eigene Berufung
nachzudenken, regelmäßigere Zeiten mit Gott einzuplanen,
beständiger zu werden sowie destruktive Gefühle erkennen
und abfangen zu lernen. Dabei geht es nicht um mehr Effizi-
enz in der Außenwirkung, sondern immer um das Innere des
Menschen. Denn echte Veränderung kann nur von innen nach
außen geschehen.

Lassen Sie zu, dass Gott Sie von innen heraus verändert und
Ihr Leben unendlich viel wertvoller und erfüllter macht!